Peter Lexe • Ferdinand Neumüller

Kroatien:

Istriens köstliche Ziele

Kultur • Küche • Keller

Verlag Carinthia

Inhalt

Willkommen im Land der offenen Geheimnisse

Von all den kulinarischen Reisebüchern, die ich bisher gemeinsam mit meinem Freund, dem Fotografen Ferdinand Neumüller, verfasst habe, muss jenes über Istrien als »schwere Geburt« bezeichnet werden. Istrien ist nun einmal nicht so einfach zu verstehen, wie es oberflächliche Touristen tun. Sie fallen über die Badestrände der Westküste her, okkupieren abends die Fußgängerzonen alter, ehrwürdiger Städte und verschmausen tonnenweise Scampi, Calamari, Branzini, Muscheln und andere Früchte der Adria. Viel am Teller und günstig – das ist zumeist die Devise. Dass soviel Meeresgetier nicht aus der Adria stammen kann, interessiert sie herzlich wenig. Doch Istrien und seine Wirtschaft benötigen diese Touristen, so wie auch Italien, Kroatien, Spanien und andere Mittelmeerländer ohne einer gewissen Zahl an Urlaubern nicht mehr das Auslangen finden können – wir nennen diesen Wirtschaftszweig »Massentourismus«.

Auch in Istrien hat neuerdings Massentourismus Platz genommen, doch er ist ein sogenannter »sanfter«. Gott sei Dank! Dem Land und seinen Besuchern sei Lob gespendet. Ein erklecklicher Teil jener sogenannten »Massentouristen« von Istrien hat Qualität. Die Leute nehmen Fahrräder mit, erkunden das Landesinnere und freuen sich über jede Entdeckung.

Die Geburt dieses Buches war schwer, doch das Kind lebt, ist gesund, fröhlich, von respektabler Größe und – wie könnte es bei einem kulinarischen Reiseführer auch anders sein – kugelrund. Warum die Geburt so schwer war? Nun, ich gebe zu, ich habe mich bei Istrien verkalkuliert. Das Ursprungskonzept: 28 Tage Durchmarsch, da müsste das Buch doch zu machen sein. Weit gefehlt! Mit jedem Tag, den ich auf dieser köstlichen Halbinsel verbrachte, lernte ich neue Gegenden, mehr Restaurants, Konobas, Winzer und deren Weine kennen. Ich merkte schon bald, Istrien benötigt Zeit und Muse. Und wieder die Qual: Auf wen soll ich verzichten? Ich weiß, dass hier das Angebot an erwähnenswerter Gastronomie größer ist als der Platz, der mir in diesem Werk zur Verfügung steht. Auch bei diesem Buch gilt deshalb der wohlgemeinte Vorschlag: Liebe Leserinnen und Leser, nehmen Sie unser Buch zur Hand, reisen Sie damit unbekümmert, aber nützen Sie das Angebot, auch Entdeckungen auf eigene Faust zu unternehmen! Schreiben Sie uns, was Sie erlebt und welche neuen Adressen Sie entdeckt haben (die Adresse erfahren Sie im Anhang)!

In einem Antiquariat in Triest – in dieser Stadt hielt ich jeweils bei der An- und Abreise für eine Kaffeepause – fand ich ein Büchlein aus dem Jahre 1863. Ein sehr akribischer k.-u.-k.-Beamter hatte dem Reichstag eine umfangreiche Information über das Kronland Istrien verfasst, der österreichische Lloyd in Triest hatte es verlegt. Der Autor – sein Name wird in diesem Buch nicht erwähnt – war wie ich verblüfft über Istrien und bezeichnete es als ein unentdecktes völlig unbekanntes Land. Dabei ist damals längst schon eine Eisenbahn quer über die Halbinsel gefahren und hat nicht nur Kirschen und Pfirsiche, sondern auch Wein, Olivenöl, Eichenholz, Pottasche, Steinkohle, Alaun und anderes in die Hauptstadt der Monarchie, nach Wien, nach Triest, Venedig oder in andere Gebiete Italiens gebracht.

Der Verkehr von Ost- und Westküste aus wurde damals wie heute mit dem Schiff besorgt. Wobei auch hier an Ausfuhrwaren der Wein, das Eichenholz für den Schiffsbau, der Marmor und das Olivenöl überwiegten. Abgeholzt wurde die Insel aber bereits Jahrhunderte zuvor: Die Römer, die Byzantiner und dann die Veneziamer benötigten Istriens Eichen für den Schiffsbau und für jene Pfahle, auf denen die Lagunenstadt Venedig errichtet wurde. Der Raubbau an den Wäldern wurde aber auch von Hirten hurtig fortgesetzt; sie benötigten Weideflächen für ihre Schafherden. Das Problem war seinerzeit so groß, dass die Behörden in gewisser Weise das Denunziantentum förderten. In Motovun beispielsweise erhielt jeder, der Brandschätzer zur Anzeige brachte, eine Belohnung. Natürlich war Diskretion zugesagt.

Doch es war nicht nur Ausbeutung, die Istrien widerfuhr. Alle Völker, die hier einfielen, durchzogen, eroberten oder blieben, brachten auch neue Kultur, neue Sitten und neues Brauchtum mit. Bevorzugtes Gebiet: Die Westküste mit ihren bezaubernden Städten Novigrad, Poreč, Vrsar, Rovinj und Fažana. Von hier aus bestand der Kontakt mit den Metropolen der Adria: Venedig, Aquileia und später Triest. Die Schiffer aus Rovinj beispielsweise waren berühmt für ihre seemännischen Kenntnisse in der Lagune von Venedig und im Po-Delta.

Die Westküste ist auch heute noch für die Eroberer namens »Touristen« bevorzugtes Gebiet, wenngleich die Ostküste noch über einige Geheimtipps verfügen darf und zumindest als gleich schön genannt werden muss. Wenn man so will, ist Istrien eine Art »gleichschenkeliges Dreieck«. Im Westen beginnend bei Savudrija führt ein Schenkel hin nach Opatija (Abbazia genannt). Von dort in Richtung Süden nach Pula und zum Kap Kamenjak, von hier wiederum in Richtung Norden nach Savudrija. Rein politisch gesehen gehört Opatija nicht zur Verwaltungsregion Istrien, aber rein geographisch ist die Einheit dieser Insel so zu vollziehen. Istrien ist die westlichste Region der Republik Kroatien, die größte Halbinsel der Adria (2820 Quadratkilometer), und zählt über 200.000 Einwohner. Die größte Stadt ist Pula mit 82.000 Bewohnern, Hauptstadt beziehungsweise Verwaltungszentrum der Region Istrien ist jedoch Pazin, jene 9000 Einwohner zählende Stadt, die sozusagen im Mittelpunkt dieser Halbinsel liegt (siehe auch Reise Nummer vier). Der Berg Učka südlich von Opatija ist mit 1396 Metern die höchste Erhebung der Halbinsel. An klaren Tagen, vor allem im September, ist der Blick von der Spitze dieses Berges ein einzigartiger Traum. Früher, zu Zeiten der Monarchie, wurde dieser Berg Monte Maggiore genannt (das ist auch sein heutiger italienischer Name). Da wurde allerdings auf Istrien mehrheitlich italienisch gesprochen. Nicht nur, denn dieses Land ist bevölkert von Menschen, die der Herkunft nach auch andere Muttersprachen ihr Eigen nennen. In erster Linie das Kroatische, im Norden jedoch auch das Tschitschenische, ein Volk, das aus der Wallachei (heutiges Rumänien) stammt. Istrien ist auch stolz, eine eigene Schrift zu besitzen: Die glagolitische. Wer die kleinste Stadt der Welt, Hum, besucht, der erhält Zugang zu dieser runenartigen, erstaunlichen Schreibweise (siehe auch die erste Reise).

Wer Istrien rein topografisch betrachtet, der kann von Norden nach Süden drei abfallende Terrassen erkennen: Im Norden die Südausläufer der Julischen Alpen, das Bergland Istriens, dann weiter abfallend in eine Art leichtes Hügelland, es ist das Gebiet südlich und westlich von Pazin; weiter nach Süden wieder eine Stufe tiefer fällt das Land in sanften Hügeln in die Adria. Premantura ist der südlichst gelegene Ort des Landes. Istrien ist ein Land voller Geheimnisse, doch sie liegen alle offen da, das ist das Schöne.

Istrien habe ich jedoch in erster Linie wegen seines kulinarischen Angebotes besucht und erforscht. Die Restaurants, die Konobas und die Weingüter fanden mein berufliches Interesse. Trüffel im Norden, Fische und Meeresfrüchte an der Küste, Austern im Limski-Kanal – das waren die auch mir bekannten gastronomischen Hauptangebote des Landes. Vom Wein waren mir der Malvasier und der Teran (ein Rotwein, der hauptsächlich aus der Refosko-Traube besteht) bekannt. Was ich nicht wusste, aber glücklicherweise erfahren durfte, das steht hier in diesem Reiseführer. Wie immer bei unseren Reisebüchern (Liste der erschienenen Werke im Anhang zu diesem Buch) haben wir das Land in nachvollziehbare Reiserouten geteilt. Diesmal haben sich vier Routen angeboten. Drei, die, um bei der Geometrie zu bleiben, den Schenkeln des Dreieckes folgen, und eine, die das Landesinnere erforscht. Wie immer erhebt auch dieses Buch überhaupt keinen Anspruch auf Vollständigkeit. Ich habe mich nicht von berühmten Restaurantnamen oder anderen Gastronomieführern leiten lassen, aber ich habe sie mit Aufmerksamkeit und Vergnügen gelesen beziehungsweise zur Kenntnis genommen. Aus allen Kategorien, vom Luxusrestaurant bis zum kleinsten Wirtshaus im Bergdorf habe ich eine Auswahl getroffen. Rein nach meiner Philosophie: Ein Wirtshaus ist dann gut, wenn es in mir den Wunsch weckt, bald wieder zu kommen.

Was unsere Leserinnen und Leser beachten sollen: Gerade in der Gastronomie könnte es von heute auf morgen zu Veränderungen kommen. Daher kann es sein, dass Angaben in diesem Buch mit den tatsächlichen Gegebenheiten nicht mehr übereinstimmen. Vor allem was die Ruhetage anlangt. Man sollte auch den Besuch in weiter entfernten Lokalen vorher ankündigen. Wenn ich die Empfehlung abgebe »Reservierung notwendig«, dann ist das auch zwingend vorgeschrieben.

Das kleine, aber feine Landgasthaus Toklarija beispielsweise in den Bergen zwischen Motovun und Hum bewirtet keine Gäste, die nicht vorbestellt haben. Das ist keine Marotte, sondern wegen der 20 Plätze, die lediglich im Lokal vorhanden sind, sehr wichtig. Im Übrigen könnte es durch technische Neuerungen auch bei den Telefonnummern zu Änderungen kommen.

Wie, so werde ich häufig gefragt, kommst du zu all diesen kulinarischen Adressen. Die Antwort ist einfach: Durch die Gegend fahren, neugierig sein, Gourmets und Istrien-Stammgäste fragen. Istrien wird touristisch professionell und perfekt vermarktet. Es gibt einen eigenen Gastroführer – ein kleines Heft, das jährlich neu aufgelegt wird – eine Gastrokarte und ein Istrien-Magazin, das von der Tourismusgemeinschaft der Region Istrien herausgegeben und vom sehr ideenreichen und tüchtigen ART-Redaktions-Team um Dr. Wolfgang Neuhuber in Salzburg gestaltet wird. Istrien-Einsteigern empfehle ich diese flotte Lektüre. Als weitere Lektüre soll das literarische Sammelwerk »Europa erlesen. Istrien« (Wieser Verlag Klagenfurt) im Reisegepäck nicht fehlen. Johann Strutz (Hrsg.) hat hier amüsante und interessante Beiträge verschiedener Literaten zum Thema »Istrien« zusammengefasst.

Zum Schluss des Vorwortes danke ich meiner Verlegerin Karin Waldner-Petutschnig vom Verlag Carinthia für ihre Geduld, die Abgabe des Textes und der Fotos war bereits ein Jahr vorher versprochen. Ein Dank gilt unseren Familien, die ja wieder einmal bei unseren Reisen daheim in Kärnten bleiben mussten. Ihr Verständnis für unsere Arbeit ist wichtig und beruhigt. Ein Dank gilt auch Klaus Schauer, dem Direktor der größten Tageszeitung Kroatiens, dem »Večernji list«, er hat mich ermuntert, die Serie der kulinarischen Reisebücher nach Kärnten, Friaul-Julisch Venetien und Slowenien (alle sind im Carinthia Verlag in Klagenfurt erschienen) auch auf Istrien auszuweiten.

Viel Freude beim Lesen und vor allem viel Spass beim Nachforschen dieser Adressen wünscht

Ihr Peter Lexe

PS: »In Istrien führen die Patrizier ein Leben wie die Götter.« Das schrieb Flavius Magnus Aurelius Cassiodorus in seinem Brevier – erschienen 537 nach Christus …

Von Opatija durch den Učka-Tunnel nach Buzet

Hum, die kleinste Stadt der Welt – Über Vrh nach Motovun – Zu den Trüffelsuchern nach Livade – In die Bergstädte Oprtalj und Momjan – Das Künstlerdorf Grožnjan – Nach Buje knapp an der Grenze zu Slowenien

Richtung Triest
Slowenien
Richtung Triest, Laibach
Savudrija
Bašanija
Zambratija
Murine
N. Stella maris
T. N. Punta
Umag
SV. Pelegrin
Finida
Lovrečica
Ladin Gaj
Dajla
T.N. Mareda
Novigrad
Šeget
Petrovija
Babići
Radini
Florini
Bužinija
Gamboci
Kaldanija
Vilanija
Kaštel
Castelvenero
Merišće
Brda
Momjan
Vrnjak
Buje
Kršete
Brtonigla
Baredine
Nova Vas
Srbani
Lozari
Triban
Marušići
Gomila
Čepić
Sterna
Martinčići
Makovci
Kremenje
Grožnjan
Sv. Lucija
Oprtalj
Livade
Motovun
Žudetići
Vranje Selo
Cerjani
Rogovići
Kaštelir
Tar
Kovači
Labinci
Dvori
Vižinada
Ferenci
Baškoti
Brig
Štuti
Žužići
Gedići
Nova Vas
Bačva
Radovani
Poreč
Vranići
Žbandaj
Jehnići
Radman
Baderna
Jakovići
Tinjan
Zelena laguna
Starići
Dračevac
Funtana
Begi
Sv. Lovreč
Monfardini
Sv. Petar
Flengi
Gradina
Marasi
Stranići
Selina
Radetići
Vrsar
Koversada
Limski Kanal
Kloštar
Valata
Limski Kanal
Bubani
Brajkovići
Kurili
Borik
Rovinjsko Selo
Rovinj
Golaš
Kanfanar
Smoljanci
Svetvinčenat
Bale
Valle
Negrin
Barbariga
Mandriol
Mednjan
Golubovo
Peroj
Vodnjan
GAZ
MALI BRIJUNI
Fažana
Brijuni
Šurida
PULA
VERUDA
Vinkuran
Banjole
Pomer
Premantura
Medulin
Ližnjan
Šikići
Šišan
Grabovići
Uščevi Dvori
Valtura
Kavran
Loborika
Radeki
Muntić
Šegotići
Peruški
Krnička Luka
Krnica
Rakalj
Pinezići
Čelija
Divšići
Orbanići
Manjadvorci
Hreljići
Bičići
Glavan
Režanci
Željski
Puntera
Barban
Melnica
Grandići
Peteh
Orihi
Koromani
Mići
Mariči
Veli Golji
Sv. Martin
Balić
Žagrići
Gradišće
Tomišići
Žminj
Zabrežani
Pulići
Publić
Bazgalji
Čubanići
Bertoši
Gračišće
PAZIN
Beram
Vela Traba
Brajkovići
Tviž
Škropeti
Karojba
Kašćerga
Grdoselo
Novaki Pazinski
Cerovlje
Gologorica
Golgoročki dol
Borut
Grimalda
Grižani
Zamask
Sv. Bartol
Bartolići
Senj
Vrh
Sovinjska Brda
Sovinjak
Žnjidarići
Zrenj
Žonti
Škuljari
Štrped
Buzet
Sv. Martin
Selca
Ćiritež
Roč
Forčići
Klarići
Račice
Kruševari
Draguć
Hum
Lesiščina
Lupoglav
Ročko Polje
Brgudac
Dolenja Vas
Vranja
Paz
Kontuši
Šušnjevica
Kostrčani
Zajci
Šumber
Boljevići
Kršan
Eržišće
Sv. Nedelja
Vozlići
Plomin
Plomin-Luka
Krapan
Raša
Labin
Rabac
Most-Raša
Brgod
Polje
Duca Luka
Sv. Marina
Drenje
Trget
Peršići
Stanišovi
Vlakovići
Viškovići
Skvaranska
Brovinje
Koromačno
Rebići
Jelovice
Vodice
Dane
Brest
Kropinjak
Slum
Gor. Nugla
Račja Vas
Lanišće
Male Mune
Žejane
Pasnjak
Šapjane
Rupa
Veli Brgud
Perka
Ružići
Zvoneće
Mučići
Kučeli
Rukavac
Opatija
Veprinac
Poljane
Lovran
Tuliševica
Medveja
Kraj
Mošćenička Draga
Mošćenice
Jelena
Golovik
Martina
Brseč
Rt. Kamenjak

Von Österreich aus fällt es mir manchmal schwer, die Reiseroute nach Istrien zu bestimmen. Soll es über Triest oder über Laibach/Ljubljana gehen? Beide Städte liebe ich besonders. In einem der kommunikativen Triester Cafés einen Cappuccino schlürfen, Menschen beobachten, in Antiquariaten schmökern, das verspricht angenehme Stunden. In Laibach lockt mich der Bauernmarkt, den ich für einen der schönsten in Mitteleuropa halte.

Diesmal führt mich der Weg nach Istrien also über Sloweniens Hauptstadt Laibach (im »Monroe«, siehe auch mein Buch »Slowenien: 100 köstliche Entdeckungen«, ein gutes Glaserl zu einer Goldbrasse im Fenchelbett) zuerst einmal nach Opatija, italienisch Abbazia genannt. Opatija gehört verwaltungspolitisch nicht mehr zu Istrien, geographisch jedoch sehr wohl. Daher nehme ich diesen wunderschönen Kurort am Fuße des Učka-Gebirgszuges zum Ausgangspunkt meiner ersten Reise.

Opatija ist für mich am schönsten im Frühjahr. Wenn in den Alpen noch die Kälte am Körper nagt, stärkt hier die Sonne bereits den Wuchs exotischer Pflanzen. Schon zur Zeit der Monarchie war Abbazia Kurort des Adels, der Offiziere und anderer feiner Leute. Die Reichen ließen sich Prachtvillen samt wunderbarer Parkanlagen errichten. Hotels entstanden – Abbazia wurde ein Kurort: milde Winter, gute Luft, Badefreuden in der dort sauberen Adria. Die Anreise: mit der Bahn bis Rijeka, mit der Kutsche die restlichen Kilometer. Oder aber mit der Bahn bis Triest, eine Schiffsreise rund um die gesamte istrische Halbinsel. Eine lange Reise mit schönen Ausblicken.

Der Učka

Mit 1396 Metern ist der Učka, auch Monte Maggiore genannt, der höchste Berg Istriens. Er ist das Ende eines mächtigen Gebirgsstockes, die letzte und südlichste Stufe der Julischen Alpen: Praktisch von Duino am Golf von Triest aus schlängelt sich mit einem weiten Umkreis wie eine gigantische Mauer eine Bergkette. Der Učka ist die höchste Erhebung dieser Kette. Natürlich ist dieser Berg Zielpunkt zahlreicher Wanderer, genießen sie doch von hoch oben einen unvergesslichen Blick über die Halbinsel Istrien, den Kvarner mit den Inseln Krk und

Cres. Nicht im Hochsommer, im Herbst und im Frühjahr sind die Ausblicke von seiner Spitze besonders lohnend.

Hum, kleine Stadt, die viel am Kerbholz hat

Von Rijeka/Opatija führt die Hauptstraße durch den mehr als fünf Kilometer langen Učka-Tunnel Richtung Buzet und Pazin. Wir nehmen vor Lupoglav die Abzweigung Richtung Pazin und verlassen bei Borut die Autostraße, um uns in die Berge zu schlagen. Keine Angst vor Schotterstraßen. Ich habe in Istrien grundsätzlich Folgendes erlebt: Zeigt ein gelbes Straßenschild den Weg zu einem Ort an, dann kann dieser Richtung und damit auch der Straße Vertrauen geschenkt werden. Die Straßen sind befahrbar, völlig ungefährlich. Wer natürlich über ein geländetaugliches Fahrzeug verfügt, kann sich noch sicherer fühlen.

Von Borut aus folgte ich einem Hinweisschild, das mich zum Agroturizam Poljanice der Familie Prar führte. Über die Hügel unverdrossen weiterfahren bis nach Erkovčici. Da beginnt wieder eine asphaltierte Straße, die direkt nach Hum führt.

Hum, so wird gesagt, sei die kleinste Stadt der Welt. Sie ist außerhalb der Sommersaison vermutlich auch die ruhigste. Eine kleine Festung, innerhalb deren Mauern sich die kleinen Steinhäuser aneinander schmiegen. Das Festungstor, die Kirche, der Glockenturm, die Stadtloggia, der Nordturm, die Kapelle des Heiligen Hieronimus, das Museum, drei Familien – das ist alles.

Hum ist jedoch berühmt, weil hier ein kulturgeschichtlicher Stolz der Istrianer zu bewundern ist: die glagolitische Schrift. Istrien hat sein eigenes Alphabet, seine eigene Schrift. Sie ist im neunten Jahrhundert von Kyrill erfunden worden. Die Heiligen Kyrill und Method sind als Mönchsbrüder 863 vom byzantinischen Kaiser ausgesandt worden, um das Christentum unter den Slawen zu verbreiten. Bei der Übersetzung von Latein ins Altslawische entstand das glagolitische Alphabet. In Hum wurde diese Schrift sogar bis zum Beginn des 20. Jahrhunderts verwendet. Die sogenannte Glagoliza hatte sich vor allem als kirchliche Schrift bei den Kroaten in Istrien und im Küstengebiet durchgesetzt.

In Hum zeigt sich auch die Einrichtung der »Loggia« als etwas typisch Istrianisches: Meist in unmittelbarer Nachbarschaft zur Kirche bzw. zum Dorfplatz und dem Dorfbrunnen wurde eine kleine Säulenhalle errichtet, die sich zum Kommunikationstreffpunkt des Dorfes entwickelte. Dort wurde Politik gemacht, im Schatten der Loggia trafen sich die Männer des Dorfes zu Besprechungen oder zum ganz normalen Tratsch. Am Brunnen daneben trafen sich die Frauen zum Wäschewaschen und Wasserholen. Während im Schatten die Männer über die Frauen tratschten, klatschten diese in der Sonnenglut natürlich über wen – über die Männer. In fast allen Bergdörfern Istriens ist die Einrichtung der Loggia zu finden.

Ungewöhnlich an Hum ist auch die Wahl des Bürgermeisters: Er wird immer nur auf ein Jahr, und zwar jeweils am 2. Sonntag im Juni, gewählt. Jeder Kandidat (Hum hat zur Zeit 17 Einwohner) besitzt auf einem gemeinsamen Holzstück eine Kante. Die Wähler ritzen ihrem Wunschkandidaten eine Kerbe in die dafür vorgesehene Kante.
Wer also mehr am Kerbholz hat, der ist der Chef der Stadt. So ist das uralter Brauch.

Von Hum in Richtung Roč empfehle ich einen Abstecher in das Dorf Kotli, wo die Wasserfälle des Mirna Flusses zu bewundern sind. Im trockenen Sommer bleiben von den Wasserfällen meist nur »Badewannen« im weißen Fels übrig.

»Jack«, die Sau im Trüffelland

Von Roč nach Buzet ist es nicht weit. Diese Stadt liegt im Dreieck zwischen dem Mirna Tal, dem Istrianer Karst und dem Gebirgsland Čičarija, wo sich bis heute ein aus Rumänien im Mittelalter eingewanderter Volksstamm der Wallachen erhalten konnte. Die »Tschitschen« waren arme Hirten. Vom sogenannten »Tschitschen«-Boden laufen in Richtung Süden drei Gebirgsrücken: ganz im Osten das Učka-Gebirge, dann durch die Mitte des Landes eine Art Hauptrippe Istriens, früher auch Vena genannt, und schließlich ganz im Westen ein Gebirgszug, der praktisch bei Buje endet. Zwischen diesem Bergland und der Hauptrippe Istrien fließt der Fluss Mirna, in dessen Auwäldern nicht nur Eichen wachsen, sondern auch Trüffel gedeihen. Nahe Hum entspringt der wichtigste Fluss des Landes die Mirna, die früher sogar bis Motovun mit Schiffen befahrbar war.

Livade ist der Hauptort der Trüffelsucher, die mit ihren Hunden unterwegs sind. Es sind jene Eichenwälder des Talbodens unterhalb der Bergstadt Motovun in Richtung der Therme Istarske Toplice, wo die Istrianer gegen Venedig einst erbittert gekämpft hatten.

Die weißen Trüffel Istriens sind begehrt in aller Welt, sie sollten allerdings schnell verspeist werden, denn Trüffel altern rasch und verlieren von Tag zu Tag an Aroma und Geschmack.

Trüffelsuchen ist nicht einfach: Der »Sammler« benötigt eine Lizenz, einen guten (und daher meist teuren) Trüffelhund, genaue Ortskenntnisse, Geduld und viel Sachverstand. Die Mühe kann sich lohnen. 100 Gramm der weißen Trüffel »tartuf« bringen für den Sammler beinahe 100 Euro. Dem Konsumenten kostet die Menge dann allerdings etwa das Doppelte.

Von Livade steil hinauf nach Oprtalj und über die Hochebene hin nach Momjan lohnt sich der Ausflug einerseits wegen der wunderschönen Landschaft, andererseits aber auch wegen einer köstlichen Entdeckung in San Mauro. Dort bei der Familie Sinković ist »Jack« zu Hause: Istriens einziges Trüffelschwein. Der Herr ist eine Dame und stammt aus Frankreich. Jacks sensible Nase wurde von seinem Besitzer Libero Sinković trainiert: »Ich musste mein Trüffelschwein selbstverständlich zuerst einmal auf Trüffel scharf machen.« Das heißt: Jack erhält von jedem Trüffelschatz »seine« Ration. Und als Draufgabe ein Glas Wein. Zum Nachschlürfen sozusagen. Rotwein, was anderes kommt nicht in den Rüssel! Sauteuer, diese Trainingsmaßnahmen – aber sie wirken.

Von Momjan, einem reizenden Bergdörfchen, führt eine Straße bergab in ein fruchtbares Tal, wo der Winzer Kozlović sein Reich besitzt. Er keltert einen eleganten, würzigen und wohlschmeckenden Malvasier und einen Muskat, der internationales Format besitzt.

Von Momjan führt eine der vielen Weinstraßen Istriens nach Buje.

Das Weinland Buje

Die Buje-Region ist Istriens größtes Weinanbaugebiet. Rund 5800 Hektar Rebflächen befinden sich im westlichen Teil des Landes. Beginnend etwa bei Livade über Momjan

LAURUS
NOBILIS
ROSMARINUS
OFFICINALIS
RUTA
JUNIPERUS
COMMUNIS
MELISSA
OFFICINALIS

und Buje bis hin zur Küste zwischen Savudrija und Novigrad (siehe auch die Reise 3 und Reise 4). Vor allem bei Momjan und Oprtalj sind jene Winzer zu Hause, die in ihrem Qualitätsbestreben schon so weit fortgeschritten sind, dass ihre Kreszenzen Anerkennung und Lob einheimsen. Im Ausland haben es die Winzer aus Istrien sehr schwer. Das Image ist immer noch beim offenen Teran und Malvasier angesiedelt. Dass sich hier großartige Qualitäten entwickelt haben, nimmt die Weinwelt noch nicht zur Kenntnis. Aber auch die Weine Sloweniens haben Jahre benötigt, bis langsam – zumindest im Ansatz – ein internationaler Durchbruch gelang. Neben Kozlović sind Winzer wie Armando & Rino Prelac sowie Elio Smilović in Momjan beziehungsweise Antonio Matiassi in Livade und Silvio Kraljević in Grožnjan als gute Weinmacher zu nennen.

Das Dorf der Künstler

Auf dem Weg von Buje nach Motovun, einer Bilderbuchstadt, darf Grožnjan nicht versäumt werden. Es ist das Dorf der Künstler: Sie haben mit Galerien Besitz genommen von dieser winzigen Bergstadt und geben den Steinhäusern und engen Gassen ein Flair, das Menschen aus aller Welt in seinen Bann zieht. In den 60-er Jahren wurde zudem begonnen, im Sommer Seminare der »Jeunesse Musicale« abzuhalten. Ein Spaziergang durch das Städtchen, früher einmal war es Verwaltungsstadt unter Venedig für das westliche Istrien, ist romantisch, anregend und für die Seele erholsam. Vor allem dann, wenn man den jungen Menschen beim Musizieren zuhören kann – ganz ohne Eintrittskarte, ganz spontan.

Nach Grožnjan gibt nur mehr Motovun noch höhere Aha-Erlebnisse preis: zu Fuß von der Unterstadt hinauf auf die Festung, ein Rundgang auf der Wehrmauer, der Blick in das hügelige Land. Da geht das Herz über und man vergisst, dass hier einmal 5000 Menschen auf so engem Raum leben mussten. Einige von ihnen dürften recht reich gewesen sein, denn für die Errichtung der Stephanskirche hatten im 16. Jahrhundert die Bewohner Andrea Palladio engagiert. Der dürfte nicht billig gewesen sein, galt er doch als der Modebaumeister und Architekt steinreicher Venezianer. Seine Villen, die er im Veneto schuf, sind legendäre Kunstwerke der Renaissance. Im Zentrum der Festung Motovun befindet sich das Hotel Kaštel. Es zählt zwar nicht zu sterneverdächtigen Häusern, im Gegenteil, aber es liegt so einmalig und ist auch so einmalig einfach ausgestattet, dass eine Übernachtung dort bereits unter die Kategorie »romantisch« einzustufen ist. Gilt aber nicht für Verliebte, die sollten sich ein wohligeres Plätzchen suchen.

Wir besuchen:

Agroturizam Poljanice, Cerovlje
Konoba Draguć, Draguć
Humska Konoba, Hum
Agroturizam Kotlić, Kotli
Gostiona Most, Buzet
Gostiona Toklarija, Sovinjsko Polje
Agroturizam Karoca, Sovinjak
Restoran Vrh, Vrh bei Buzet
Agroturizam Lambada, Buzet
Gostiona Mcotić, Motovun
Hotel-Restoran Kaštel, Motovun
Zigante Tartufi, Livade
Gostiona Tartuf, Livade
Konoba Oprtalj, Oprtalj
Agroturizam Taverna Pietrapelosa, Oprtalj
Konoba Rino, Momjan
Weingut Preloc, Momjan
Weingut Gianfranco Kozlović, Momjan
Agroturizam San Mauro, Momjan
Restoran Marino, Kremenje
Konoba Pod Voltom, Buje
Konoba Malo Selo, Fratrija/Buje

Agroturizam Poljanice

52402 Cerovlje, Poljanice 18
TELEFON: *(0 52) 68 41 50*
FAX: *68 43 67*
WIRT: *Familie Prar*
Italienisch
GEÖFFNET: *ganzjährig, warme Küche ab 11 Uhr, Montag Ruhetag*

Etwa 30 Kilometer von Opatija und 15 Kilometer von Pazin entfernt liegt in den Bergen dieser große Bauernhof. Eine Ansammlung von renovierten Steinhäusern, in denen die Familie Prar nicht nur gut aufkocht, sondern auch acht Zimmer (im Winter geheizt) anbietet.

Bei der Anfahrt sollte man sich durch die Schotterstraße, die sich durch die Wälder auf den Berg schlängelt, nicht entmutigen lassen. Dafür ist es oben (auf etwa 400 Meter Seehöhe) umso schöner. Hier wird noch nach alter Tradition aufgekocht: Das Brot und der Lammbraten werden in der heißen Asche gebraten. Ein eigener Meiler, in dem Holzkohle gebrannt wird, steht in unmittelbarer Nähe zum Haupthaus. Boško Prar, der Bauer des Anwesens, hat alte Kutschen gesammelt, liebevoll restauriert und bietet Kutschenfahrten an. Selbstverständlich sind hier auch Pferde zum Ausreiten da. Die Landschaft ist ja prädestiniert dafür.

Im Erdgeschoss des Hauses ist eine große Stube eingerichtet, in der Gäste, die an mächtigen Holztischen sitzen, gut bewirtet werden. Eine Speisekarte ist auch in deutscher Sprache vorhanden.

WC: getrennt, sauber, Seife und Papierhandtücher vorhanden

Lammkeule aus der Asche

1 kg Lammkeule, 1 kg Kartoffeln, 250 g Zwiebeln, Olivenöl, Rosmarin, Lorbeerblatt, Salz, Pfeffer

In vielen Bauernhäusern wird in der heißen Asche gebraten. Dazu werden entweder eiserne Töpfe mit Deckel oder Tonplatten mit Deckel verwendet. Die Tonplatte wird »Čripnje« genannt.

Das Fleisch waschen und in zwei bis drei Stücke schneiden. Mit Salz einreiben und pfeffern. Die Tonplatte oder die eiserne Kasserolle mit Olivenöl befetten. Das Fleisch hineingeben und in Scheiben geschnittene Kartoffeln, genügend Rosmarin sowie zwei Lorbeerblätter beimengen. Mit Olivenöl übergießen, das Gefäß oder die Platte zudecken und in die Holzglut geben. Eineinhalb bis zwei Stunden braten lassen. Der Genuss von Braten aus der heißen Asche ist unvergleichlich.

Weinsalami

Grobe Haussalami – die es in Istrien auf Bauernhöfen oder in guten Läden zu kaufen gibt – in Weißwein legen. Meist wird dafür ein einfacher Malvasier genommen. Aufkochen und dann noch weitere 15 Minuten ziehen lassen. Mit Senf und Brot servieren.

Konoba Draguć

Draguć 38
TELEFON: *(0 52) 69 00 18*
WIRT: *Bruno Šterpin*
Italienisch
GEÖFFNET: *von 11 bis 23 Uhr, Montag Ruhetag*

Draguć ist ein Bergdorf, das von zwei Richtungen erreicht werden kann: entweder von der Straße, die

von Opatija nach Pazin führt oder von Buzet aus. Bei ersterer Variante in Cerovlje in die Berge abzweigen. Der Ort selbst liegt auf rund 500 Meter Seehöhe, ist malerisch und gibt einen herrlichen Blick auf den Butoniga-See frei. Die Konoba von Bruno ist nicht schwer zu finden. Hier wird typisch istrianisch aufgekocht: auf der Tonplatte. Da wird Brot gebacken und Fleisch gebraten. Gute Weine der Gegend, allen voran der weiße Malvasier und der rote Teran, kredenzt der Wirt zu gutem Essen. Im Herbst, zur Trüffelzeit, sind die Fuži mit Trüffeln ein Gedicht. Auch der hauseigene Ziegenkäse ist eine kulinarische Sünde wert.

Ein schönes Steinhaus mit einfachem und doch urigem Ambiente erwartet den Gast. Da die Konoba lediglich über 40 Sitzplätze im Inneren (etwa gleich viele im Freien) besitzt, sollte man sein Kommen (vor allem an Wochenenden zur Trüffelzeit) telefonisch ankündigen.

WC: getrennt, sauber, Seife, Papierhandtücher

Fuži mit Trüffeln

Teig: 400 g Mehl, 2 Eier, Salz, Wasser nach Bedarf

Soße: weiße oder schwarze Trüffel, Weißwein, luftgetrockneter Schinken, Butter, Salz, Pfeffer, Petersilie, geriebener Käse

Das Mehl auf ein Teigbrett geben und eine Mulde machen. Die zwei Eier hineinschlagen, salzen und etwas Wasser dazugeben. Jetzt alles gut mischen und je nach Bedarf ein wenig Wasser nachschütten. Einen schönen, glatten Teig kneten. Rasten lassen (30 Minuten bis eine Stunde) und dann dünn ausrollen. Mit dem Messer oder dem Teigrad Quadrate ausschneiden, die etwa fünf mal fünf Zentimeter groß sind (maximal). Ist das geschehen, dann werden die Fuži gebildet: Und zwar gegenüberliegende Ecken zur Mitte biegen und fest zusammendrücken.

Die Fuži werden ins kochende Salzwasser gegeben. Einmal aufkochen lassen, dann Hitze zurücknehmen und die Nudeln einige Minuten köcheln lassen. Mit einem Kochlöffel vorsichtig umrühren, damit sich der Teig nicht am Topfboden anlegt.

Sind die Nudeln fertig gekocht, werden sie abgegossen.

Für die Soße: Geraspelte Trüffel in zerlassener Butter leicht anschwitzen. Etwas feingeschnittenen istrianischen Schinken (Pršut) dazugeben, mit etwas Weißwein oder Suppe aufgießen, salzen, pfeffern, mit Petersilie bestreuen und sofort über die Nudeln gießen. Geriebenen Käse darüber streuen.

Humska Konoba

52420 Buzet, Hum 2
TELEFON: *(0 52) 66 00 05*
WIRT: *Ondina Merlak*
Italienisch
GEÖFFNET: *von 11 bis 22 Uhr, Montag Ruhetag*

Idyllisch, so liegt dieses kleine, rund 40 Sitzplätze umfassende Wirtshaus an der Stadtmauer von Hum. Vor dem Stadttor führt rechts ein Weg die rund 30 Meter zum Eingang in dieses gemütliche Lokal. Freundlich wird man empfangen und erhält – so der Gast will – als Aperitif einen Eichenmistelschnaps. Was vor allem die Italiener erstaunt, trinken sie doch Schnaps, nein Grappa, erst am Ende eines üppigen Mahles. Wenn das Wetter es zulässt, sollte auf der Terrasse Platz genommen werden.

Ein Ort der Ruhe, so richtig mitten in der Natur. Der Pršut, der serviert wird, ist würzig und fein zugleich. Die Spezialitäten sind der istrischen Bauernküche entnommen. Trüffeln im Herbst, dafür kommen vor allem italienische Gourmets von weither angereist. Auch der Ziegenkäse mit Trüffel ist geschmacklich ausgezeichnet.

WC: getrennt, sauber, Seife, Papierhandtücher

Pešt

10 dag Hamburger Speck, 4 Zehen Knoblauch, ein Bund Petersilie

Pešt ist eine Würze, die in beinahe jeden istrianischen Eintopf gegeben wird. Vor allem in die Gemüseeintöpfe, auch Gemüsesuppen genannt.

Den Speck feinwürfelig schneiden, Knoblauch und Petersilie ebenfalls fein hacken. Alles gut zu einer Art Paste zusammenmischen. Wenn Gemüseeintopf gekocht wird, kommt diese Paste gleich von Beginn an in den Topf.

Minestra mit Mais

500 g junge Maiskörner, 250 g rote, große Bohnen, 500 g Kartoffeln, 80 g Hamburger Speck, einen Pršut-Knochen, Knoblauch (5 Zehen), Salz, Pfeffer

Den Schinkenknochen einige Minuten kochen und dann Pešt sowie Bohnen dazugeben. Am Ende der Kochzeit (das hängt von den Bohnen ab) die jungen Maiskörner und geviertelten Kartoffel beimischen. Kochen lassen. Den Knochen herausgeben, das Fleisch ablösen und wieder in den Eintopf geben. Würzen und abschmecken. Mancherorts werden die Kartoffeln mit einer Gabel zerstampft.

Agroturizam Kotlić

52425 Roč, Kotli 3
TELEFON: *(0 99) 51 70 77*
WIRT: *Obitelj Ciković*
Italienisch, Deutsch, Englisch
GEÖFFNET: *von 13 bis 21 Uhr, Sonntag ab 12 Uhr, Montag Ruhetag*

Dieses kleine Wirtshaus mit einer überdachten Terrasse liegt in einer reizenden Landschaft direkt am Fluss Mirna. Und zwar dort, wo der Hauptfluss Istriens in mehreren Stufen abfällt und Wasserfälle bildet. Im Laufe der Jahrtausende hat das Wasser den felsigen Untergrund abgeschliffen. Im weißen Karstgestein haben die fallenden Wassermassen Mulden gebildet.

Diese sehen aus wie Badewannen. Absolut tolle Fotomotive sind hier zu entdecken.

Im Sommer ist das Flussbett ausgetrocknet, und das verbleibende Wasser in diesen Gesteinswannen erreicht Teewasser-Temperaturen.

Wer von Hum kommt und den Berg abwärts in Richtung Roč fährt, der sollte auf das Hinweisschild Richtung Kotli Acht geben. Von dort führt eine schmale, aber neu asphaltierte Straße zum Naturphänomen der Mirna-Fälle.

WC: sauber, getrennt

Panierte Zucchini

1 kg Zucchini und Zucchiniblüten, 4 Eier, 200 g Brösel (Paniermehl), 120 g Mehl, Frittieröl, Salz, Pfeffer

Junge Zucchini in Scheiben schneiden, die Blüten in breite Streifen schneiden. Beides in Mehl wälzen, in verquirlte Eier tauchen und in Paniermehl geben. Dann in heißem Öl herausbacken. Passt sehr gut zu kühlem Malvasier.

Gostiona Most

52420 Buzet, Most 18
TELEFON: *(0 51) 22 19 51*
WIRT: *Klaudio Marinac*
Italienisch, Deutsch
GEÖFFNET: *von 11 bis 23 Uhr*

Das »Most« ist das älteste Wirtshaus in Buzet. Es liegt nicht in der Festungsstadt, also am Berg in der Altstadt, sondern an einer Straße, die in die Berge hinter Marinci führt. Es ist ein einfaches Wirtshaus mit einer überdachten Terrasse, ähnlich einer Loggia. Innen ein Gastraum und ein Speisesaal, der sich auch für Veranstaltungen wie Familienfeste und so weiter eignet. Von der Terrasse beeindruckt der Blick hinauf auf den historischen Teil der Stadt. Buzet ist ein Verkehrsknotenpunkt. Von hier führt der Weg in das Čičarija-Gebirge, in dem sich einst arme Hirten aus der Wallachei, dem heutigen Rumänien, angesiedelt hatten. Von Buzet führt auch eine Straße nach Koper, und wenige Kilometer hinter Buzet erreicht der Tourist die Grenze zu

Slowenien. Im »Most« sind die hausgemachten Bratwürste mit Sauerkraut sehr zu empfehlen. Überhaupt wird hier versucht, alte Küchentraditionen in Ehren zu halten.

WC: getrennt, sauber, Seife, Papierhandtücher, Pissoir

Sauerkraut mit Pešt

1000 g Sauerkraut, Pešt (Rezept siehe Humska Konoba), Sellerieknolle, Lorbeerblätter, Pfefferkörner, Salz

Das Sauerkraut mit Salz, Pfeffer und Lorbeerblättern in Wasser kochen, Pešt dazugeben und weich kochen. Als Beilage zu gebratenen Würsten oder gekochtem Fleisch.

Njoki

500 g Kartoffeln, 250 g Mehl, 2 Eier, Oliven- oder Sonnenblumenöl, Salz

Das ist eines der Nationalgerichte der Istrianer: Kartoffeln kochen, schälen und passieren. Auf ein Nudelbrett geben. Mehl, Eier, einen Schuss Öl und Salz dazugeben. Alles gut mischen und dann zu einem Teig kneten. Dieser wird in mehrere Stücke geteilt, diese dann in daumendicke Walzen rollen. Daraus drei Zentimeter große Stücke trennen. Die istrianischen Bäuerinnen ziehen diese Nockerln sehr vorsichtig und zart über ein Reibeisen. In kochendes Salzwasser legen und so lange kócheln lassen, bis die Njoki an der Wasseroberfläche schwimmen. Herausheben, mit etwas Öl beträufeln und als Beilage zu Gulasch oder anderen Ragouts servieren.

Sehr gut schmecken die Njoki auch mit heißer Butter und etwas geräuchertem, geriebenen Schafskäse.

Gostiona Toklarija

52420 Buzet, Sovinjsko Polje 11
TELEFON: *(0 52) 66 30 31*
WIRT: *Nevio Sirotić*
Italienisch, Englisch
GEÖFFNET: *von 13 bis 22 Uhr, Dienstag Ruhetag, Betriebsferien im Juli (14 Tage), Reservierung Pflicht*

Es darf darum gestritten werden, ob nun die »Toklarija« die beste Konoba des Landes ist oder nicht. Im Grunde genommen ist das völlig egal, denn wer das Vergnügen hatte, hier speisen zu dürfen, wird noch lange daran zurückdenken. Mehrere Faktoren sprechen für ein genussvolles Erlebnis: Zuerst einmal ist der Weg zur »Toklarija« überhaupt nicht gekennzeichnet. Nevio braucht keine Hinweisschilder, wer Hunger nach seinem Essen hat, findet den Weg scheinbar im Schlafe. Auf alle Fälle von der Hauptstraße auf halbem Wege zwischen Buzet und Istarske Toplice nach links abbiegen – in Richtung Sovinjak. Geduldig durch diese schöne Hügel- und Berglandschaft bis nach Sovinjsko Polje fahren. Am Anfang des Dorfes liegt gleich links und völlig unscheinbar die Toklarija – an den Autos, die davor parken, wird man sie erkennen. Das Haus ist eine Ölmühle aus dem 14. Jahrhundert. Sie war bis vor mehr als 25 Jahren noch in Betrieb.

Im Gastraum der Mühlstein – alles original vorhanden, erhalten und mit viel Liebe in das Restaurant eingebaut. Ein gemütlicher Speiseraum, ein winziges Stüberl für zwei (Romantik pur), darin befindet sich ein offener Kamin, dann der Thekenraum mit der Mühle. Ein Ambiente wie aus dem Bilderbuch. Großartige Tischkultur, die besten Weine des Landes (auch ausländische) und eine kreative, bodenständige Küche höchster Qualität, die all das hält, was andere Gourmets in ihren Empfehlungen (da musst du hingehen …) versprechen.

Nur 22 Plätze bietet das Lokal und Nevio kocht nicht ohne Vorbestellung. »Wir sind nur zu zweit, meine Frau und ich.«

Wer die Toklarija nicht besucht hat, der kennt das gastronomische Angebot des Landes nicht.

Die hausgemachten Ravioli mit verschiedenen Füllungen, die Kaninchenroulade, immer wieder Spezialitäten der Saison, Pilze und Trüffel.

WC: dem Hause entsprechend sauber

Ravioli mit Schafskäse

Teig: 500 g Mehl, 3 kleine Eier, Salz, Wasser nach Bedarf

Fülle: 200 g Schafskäse, 2 Eier, saurer Rahm, Reibkäse, Butter

Aus dem Mehl und zwei Eiern mit Wasser einen Teig kneten, salzen und rasten lassen. Dann dünn ausrollen, mit Ei bestreichen. Den Teig in breite Streifen schneiden. Auf die eine Hälfte der Streifen mit einem Teelöffel im Abstand von fünf Zentimeter kleine Häufchen mit der Fülle setzen. Die andere Hälfte des Teiges darüber stülpen, die Ränder gut zusammendrücken und mit dem Teigrad abschneiden.

Ins kochende Salzwasser geben, bis die Ravioli an der Oberfläche schwimmen.

Herausheben, abtropfen lassen und mit heißer Butter übergießen. Mit geriebenem Käse servieren.

Ravioli lassen sich auch mit anderen Füllungen zubereiten. Beispielsweise mit einer Füllung aus klein geschnittenen, stark sautierten Pilzen.

Agroturizam Karoca

52420 Sovinjak
TELEFON: *(0 52) 66 30 39*
WIRT: *Lino Černeka*
Italienisch
GEÖFFNET: *von 14 bis 23 Uhr, Montag Ruhetag*

Der Bauernhof Karoca liegt im Bergdorf Sovinjak direkt gegenüber der Kirche. Ein schöner Hof, teilweise ein Steinhaus, teilweise renoviert und modern ausgestattet. Im Gastraum haben rund 25 Personen, im schönen Gastgarten ebenso viele Gäste Platz. Geboten werden hausgemachte Spezialitäten und im Spätherbst Trüffelgerichte. Der Bauernhof liegt direkt an jener Straße, die zur Toklarija führt. Sovinjak liegt malerisch auf einem Berg; vom hinteren Teil des Gartens der Familie Černeka hat man einen schönen Ausblick in die Hügel- und Berglandschaft, wo gute, einfache Weine gedeihen.

WC: tadellos, getrennt

Kaninchengulasch

1000 g Kaninchen mit Knochen, 250 g Zwiebel, 4 Knoblauchzehen, 250 g Tomaten, Mehl, Olivenöl, Stangensellerie, Basilikum, Majoran, Weißwein, Salz, Pfeffer

Das Kaninchenfleisch samt Knochen in kleine Stücke schneiden und im Olivenöl scharf anbraten. Klein geschnittene Zwiebel dazugeben und mitrösten. Tomaten in kleine Stücke schneiden, Stangensellerie fein hacken; mit den Gewürzen und gepresstem Knoblauch zum Fleisch geben. Mit Wein ablöschen und dann etwas Wasser dazugeben. Immer wieder ein wenig Wasser dazuschütten. So lange dünsten lassen, bis das Fleisch weich ist.

Mit Mehl stauben und noch einmal Wein und Wasser beimengen. Einige Minuten aufkochen lassen, abschmecken und mit Fuži servieren.

Schinkengulasch

500 g Pršut (luftgetrockneter istrianischer Schinken), 200 g Zwiebel, Tomaten, Stangensellerie, Mehl, geriebener Schafskäse, Olivenöl

Fein geschnittene Zwiebel in Öl anschwitzen, bis sie goldgelb sind. Den Schinken in Würfel schneiden und mit den Zwiebeln mitbraten. Tomaten, Stangensellerie (alles klein geschnitten) zum Schinken geben, salzen, mit Wasser aufgießen und eine halbe Stunde köcheln lassen. Mit geriebenen Schafskäse zu Njoki servieren.

Restoran Vrh

52420 Buzet, Vrh 2
TELEFON: *(0 52) 66 71 23*
WIRT: *Familie Petohleb*
Italienisch
GEÖFFNET: *von 13 bis 22 Uhr, Montag Ruhetag*

Um nach Vrh zu gelangen, muss man als Autofahrer Geduld aufbringen. Zwischen Istarske Toplice und Motovun zweigt von der Hauptstraße der gut gekennzeichnete Weg

RESTAURANT
VBH

nach Vrh ab. Eine asphaltierte Straße, die keine Probleme bereitet und in eine liebliche Landschaft führt. In Vrh selbst das gleichlautende Restaurant. Es ist sehr einfach eingerichtet, aber für seine Trüffelspezialitäten bekannt. Zwar jammern manche Gäste, dass die Trüffel hier etwas teurer wären als anderswo, doch die Wirtsleute gehen mit der kostbaren Erdknolle aus den Eichenwäldern des Mirnatales recht verschwenderisch um. Zu den Trüffeln wird hier Teran getrunken, und zum Abschluss eines feinen Essens winkt noch ein Mistelschnaps.

WC: getrennt, sauber

Trüffel im Rührei

8 Eier, 160 g Trüffel, Petersilie, Olivenöl, Salz, Pfeffer

Man kann zu Trüffelgerichten stehen wie man will, der Klassiker in Istrien ist Trüffel mit Ei.

Ganz einfach zubereitet, vorausgesetzt, die kostbare weiße Trüffel ist erhältlich (zur Not könnte man sich auch mit Trüffelöl begnügen): Die Eier verquirlen, in eine Pfanne etwas Öl geben und die Eiflüssigkeit eingießen. Dann Trüffel darüber hobeln, salzen, pfeffern und vor dem Servieren mit gehackter Petersilie bestreuen.

Bohneneintopf

200 g weiße Bohnen, 200 g grüne Bohnen, 200 g Kartoffeln, Pešt, 100 g Tomaten, Wurzelwerk, Knoblauch, Salz, Pfeffer, Essig

Die Bohnen vorkochen, dann geviertelte Kartoffeln, würfelig geschnittenes Wurzelwerk (Karotten, Sellerie, Petersilienwurzel), klein geschnittene grüne Bohnen und klein geschnittene Tomaten dazugeben. Mit Pešt würzen, salzen, pfeffern und köcheln lassen. Am Ende der Garzeit mit etwas Essig abschmecken.

Agroturizam Lambada

52420 Buzet, Senj 4
TELEFON: *(0 52) 66 71 47*
WIRT: *Jordano Krančič*
Italienisch, ein wenig Deutsch
GEÖFFNET: *von 12 bis 24 Uhr, Dienstag Ruhetag*

Dieser mit viel Liebe und großem Aufwand hergerichtete Bauernhof liegt in den Hügeln gegenüber der Therme Istarske Toplice. An der Hauptstraße ist ein großes Hinweisschild angebracht, daher kann der Weg nach Senj nicht verfehlt werden. Auch hier ist der Ausblick in die Hügellandschaft rundum beeindruckend. Vor allem im Frühjahr, wenn alle Bäume in der Blüte stehen oder im Herbst, wenn sich das Laub in bunte Farben verwandelt. Bei Jordano wird hauseigener Wein serviert. Er ist typisch für diese fruchtbare Gegend und schmeckt zu den Speisen, die angeboten werden (auch Wild und Trüffel) vorzüglich.

WC: tadellos

Istrianische Suppe

1 l Teran, 200 g altbackenes Brot, 40 g Zucker, Olivenöl, Pfeffer

Diese Weinsuppe ist ebenfalls ein Klassiker in Istrien und ganz einfach herzustellen:

Einen Tontopf – in Istrien wird er »Bukaleta« genannt – mit erwärmtem Rotwein (nicht gekocht!) füllen. Den Zucker, zwei Esslöffel Olivenöl, Pfeffer und geröstete Brotwürfel dazugeben. An einem kalten Wintertag ein wärmendes Essen, das unbedingt in Gesellschaft eingenommen werden sollte. Meist wird der Tontopf auf den Tisch gestellt, und alle Gäste langen mit Suppenlöffeln zu.

Gostiona Mcotić

52424 Motovun, Zadrugarska 19
TELEFON UND FAX: *(0 52) 68 17 58*
WIRT: *Miljenko Cotić*
Italienisch, Deutsch
GEÖFFNET: *von 7 bis 24 Uhr*

Nicht in der Altstadt von Motovun, sondern am Fuße dieser mystischen Bergstadt ist das große Wirtshaus Mcotić gelegen.

Direkt an der Hauptstraße, die weiter nach Pazin in das Zentrum von Istrien führt. Es ist ein schönes Haus, das für rund 200 Gäste Platz bietet. Besonders großzügig ist die Terrasse ausgebaut worden, wo bis zu 450 Gäste versorgt werden können. Was natürlich dem Bustourismus entgegenkommt. Selbstverständlich ist das Restaurant für seine Trüffelspezialitäten bekannt. Aber auch wegen des Beefsteaks kommen vor allem Gäste aus Italien gerne in dieses freundliche Lokal, das zudem über eine recht gute Weinauswahl verfügt.

WC: sehr sauber und modern

Kalbsrippen

1000 g Kalbsrippen, 200 g Zwiebel, Olivenöl, grüne Petersilie, Weißwein, Rosmarin, Salz, Pfeffer

Die Rippen in zwei bis drei Stücke schneiden und in Öl gut anbraten. Herausnehmen und warm stellen. In Öl die fein geschnittenen Zwiebel anrösten. Dann Petersilie und Rosmarin, Salz und Pfeffer dazugeben. Mit Weißwein ablöschen. Die Rippen wieder zurück in den Topf geben, mit klarer Rindsuppe aufgießen und zugedeckt köcheln lassen, bis das Fleisch weich gedünstet ist.

Hotel-Restoran Kaštel

52424 Motovun
TELEFON: *(0 52) 68 17 35*
Italienisch, Deutsch
GEÖFFNET: *von 11 bis 23 Uhr*

Tausende Touristen zieht es Jahr für Jahr nach Motovun. Die »Bilderbuchstadt«, so wird sie genannt. Die Oberstadt mit der Festung thront wie ein Adlerhorst auf einem Felsen. Zum einzigen Hotel der Stadt, dem Kaštel, führt ein schmaler Karrenweg, der aber ohne Schwierigkeiten mit dem Auto befahren werden kann. Wer zu Fuß von der Unterstadt – sie ist vom Baustil romanisch-gotisch – nach oben will, muss erst einmal etliche Stufen hinter sich bringen. Der Ausblick lohnt allerdings den anstrengenden Trip. Das Hotel verfügt nur über zwei Sterne, es ist wirklich nicht einmal im Ansatz luxuriös, aber originell. Auch das Restaurant – einfach, aber mit uraltem Charme. Vor allem, wenn man im Freien sitzen kann, beschützt von mächtigen Bäumen. Diese herrliche Ruhe am Abend, wenn die Tagestouristen abgezogen sind. Dann rundum Künstler und kleine Galerien. Erst ist man geneigt, einen Bogen um das Restaurant zu machen, doch der Eintritt lohnt sich. Das Essen ist durchaus als gut zu bezeichnen.

WC: einfach, sauber

Motovuner Truthahn

1 kg Putenbrust, 400 g Bauchfleisch vom Schwein, 100 g Putenmagen, 150 g Schinkenspeck, 50 g istrianischer Schinken, Schafskäse, 200 g Maronipüree, 1 Karotte, Sellerieblätter, 3 Eier, Öl, Salz, Pfeffer, Teran

ZIGANTE®
tartufi
Maslinovo
ulje s
okusom
tartufa
250 ml

Die Putenbrust in möglichst gleich große Schnitzel schneiden, klopfen und zur Seite legen. Für die Fülle: Abschnitte und das Schweinefleisch durch den Fleischwolf drehen. Geriebenen Schafskäse, die Eier, fein gehackte Sellerieblätter, kleinwürfelig geschnittene Karotte und das Maronipüree beimengen und alles gut durchmischen. Ein Glas Teran aufkochen und ebenfalls der Mischung beimengen. Den Truthahnmagen klein schneiden und ebenfalls der Fleischmasse beimischen. Salzen, pfeffern und alles gut durchmischen.

Die Putenschnitzel ausklopfen, salzen und jeweils mit der Füllmasse belegen. Zusammenrollen und mit einem Kochfaden binden. Erst in der Pfanne von allen Seiten anbraten, dann in eine feuerfeste Form legen, Olivenöl dazugeben und im Backofen braten. Nach rund 40 Minuten die Rouladen mit Speckscheiben belegen und wiederum rund 50 Minuten braten lassen.

Dann das Fleisch herausnehmen, die Bindfaden lösen und das Fleisch in Scheiben schneiden.

Auf Teller legen, mit Bratensaft übergießen und mit Bratkartoffeln sowie gekochtem Gemüse servieren.

Zigante Tartufi

52427 Livade 7
TELEFON: *(0 52) 66 40 30*
FAX: *66 40 31*
www.zigantetartufi.com
BESITZER: *Giancarlo Zigante*
Italienisch, Englisch
GEÖFFNET: *von 10 bis 18 Uhr, kein Ruhetag*

Gigantischer Zigante:
Mitten in Livade betreibt dieser Trüffelsucher ein Geschäft, in dem er seine Produkte zum Kauf anbietet. Es sind in erster Linie nicht frische Trüffel – dazu müsste man im Spätherbst hierher kommen – sondern Trüffelöle, die schwarzen Sommertrüffel in Öl eingelegt, Trüffelkäse, Trüffelpasteten mit Champignons oder Steinpilzen gemischt. Wahre Angriffe auf unsere Geschmacksnerven.

Darüber hinaus werden in diesem Geschäft auch die istrischen Qualitätsweine verkauft.

Giancarlo Zigante hat im Oktober 1999 in Livade den bisher größten Trüffelpilz der Welt gefunden. Er wog 1,31 Kilo und fand Aufnahme ins Guinness Buch der Weltrekorde. »Die Trüffel«, so verriet mir eine Mitarbeiterin von Zigante, »findet unser Chef dort drüben im Wald.« Und sie zeigte mit dem Finger durch die Türe in das Wäldchen zwischen Livade und Motovun.

Im Oktober finden rund um die Trüffel Festtage in Livade, Buzet, Vrh, Optralj, Buje und Momjan statt.

Warum ist die Trüffel so begehrt? Auf der einen Seite wegen der Exklusivität, und auf der anderen Seite wegen des einzigartigen Duftes und Geschmacks. Zur Zeit der österreichisch-ungarischen Monarchie wurde die Trüffel (Tuber Magnatum Pico) lediglich am kaiserlichen Hof in Wien genossen.

Die weiße Trüffel Istriens ist auf der ganzen Welt bekannt, und der Preis dafür wird täglich neu festgesetzt: Angebot und Nachfrage bestimmen ihn. Die Trüffel, eine Laune der Natur. Gott sei Dank gibt es sie!

Gostiona Tartuf

52427 Livade bb
TELEFON: *(0 52) 66 41 07*
WIRTIN: *Tatjana*
Italienisch
GEÖFFNET: *von 10 bis 22 Uhr, Dienstag Ruhetag*

Der Name sagt schon alles: Wer hier etwas anderes speist als Trüffel, ist fehl am Platze. Das Wirtshaus liegt direkt gegenüber dem Trüffelhändler Zigante und ist ein einfaches Lokal.

Keine besondere Einrichtung: ein Speisesaal, ein überdachter Gastgarten. Das Feine an diesem Wirtshaus liegt in der Küche. Trüffel schmecken am besten mit Rührei, mit Nudeln und frisch gerieben auf Fleisch. Tatjana, die viele Gäste aus Italien bewirtet, bietet auch italienische Nudelgerichte wie Tagliatelle an – selbstverständlich mit Trüffel, die frisch über die Nudeln gehobelt werden.

Kein Wunder, wer so an der Quelle liegt, kann sich nicht schwer tun. Gleich hinter dem Haus liegt eines jener Eichenwäl-

der des Mirnatales, welches diese Kostbarkeiten versteckt hält. Nur durch Hunde mit geschulter Nase und erfahrenem Herrchen ist der knollenartige Pilz zu entdecken. Die Trüffel wächst unter der Erde und muss ausgegraben werden. Wer ist schneller? Hund oder Herrl?

WC: sauber, getrennt, Seife, Papierhandtücher

Tagliatelle mit Trüffel

400 g Tagliatelle (Bandnudeln), 50 g schwarze Trüffel, 100 g Butter, 3 EL geriebener Parmesan

Die Nudeln in ausreichend Salzwasser al dente kochen (bissfest). Trüffel abbürsten (meist sind sie schon ausreichend gereinigt – Trüffel sollte man eher nicht waschen). Butter auf kleiner Flamme heiß werden lassen und darin die Nudeln schwenken.

Auf Teller geben, Parmesan dazu und dann die hauchdünn geschnittenen Trüffel darüber geben und mit den Nudeln vermischen.

Konoba Oprtalj

52427 Oprtalj 1
TELEFON: *(0 52) 64 41 30*
WIRT: *Vigine-Belle Flavia Italienisch, Englisch*
GEÖFFNET: *von 12 bis 24 Uhr, Montag Ruhetag*

Oft wird Istrien von der Landschaft her mit der Toskana verglichen. Das gilt auch für die Südsteiermark. Was natürlich ein Blödsinn ist, jede Landschaft ist für sich unverwechselbar. Vor allem jene rund um Oprtalj. Hügelig bis leicht ins Mittelgebirge reichend, Steinhäuser, uralte Städte, die auf Hügelspitzen thronen, Weinbau, Olivenhaine, Wälder, Wiesen. Die Konoba Oprtalj im gleichnamigen Ort erlaubt es, all das während des Essens zu betrachten. Vor allem im Sommer, wenn unter den mächtigen Kastanienbäumen am Dorfplatz direkt vor der Konoba das Essen aufgetragen wird. Eine Terrasse, an derem westlichen Ende der Hügel beinahe senkrecht abfällt und so eine weite Aussicht freilässt. Ein mehrfacher Genuss. Das Wirtshaus selbst ist klein, ein einziger Gastraum für maximal 40 Personen. Der Terrassen-Garten bietet mehr Plätze. Der Service ist aufmerksam und zuvorkommend, das Essen sehr gut.

WC: getrennt, italienisch für Männer, sauber

Ombolo mit Trüffel

1 kg Schweinekotelett, Knoblauch, Pfefferkörner, Lorbeerblätter, Salz, Olivenöl

In Deutschland könnte man Ombolo auch mit »Kasseler« vergleichen. In manchen Gebieten Istriens werden Ombolo auch Žlumpert oder Zarebnjak genannt. Was ist nun diese istrische Nationalspeise?

Das Fleisch wird als Ganzes vom Knochen gelöst und mit den Gewürzen eingerieben (Lorbeerblätter vorher mahlen). Dann wird es etwa 14 Tage getrocknet. Ombolo kann in dünne Scheiben geschnitten für einen kalten Aufschnitt verwendet werden, oder es wird in Olivenöl gebraten. Dazu rund 2 Zentimeter dicke Scheiben abschneiden und in Öl auf beiden Seiten gut anbraten. Den Bratenfond mit etwas Weißwein ablöschen und mit einem Stück Butter verfeinern. Die Soße über das Fleisch gießen und Trüffel hauchdünn darüber hobeln. Dazu Fuži als Beilage servieren. In der Konoba Oprtalj wird auch ein Kartoffelpüree gereicht.

Als Getränk empfehle ich einen Malvasier, der in dieser Konoba sehr würzig und trocken ist.

Agroturizam Taverna Pietrapelosa

52427 Oprtalj, Zrenj-Stridona
TELEFON: (0 52) 52 64 40 85
WIRTE: *Nadja und Paolo*
Italienisch, etwas Deutsch
GEÖFFNET: *Samstag und Sonntag von 12 bis 22 Uhr*

Die Landschaft ist einmalig, der Wirt ist es auch: Zrenj liegt in den Bergen von Kremenje und Momjan aus in Richtung Buzet. Einfach den Weg nach Oprtalj nehmen und dann vor dieser hübschen Bergstadt nach links dem Pfeil »Zrenj« folgen. Vier Kilometer Geduld, dann ist das Dorf erreicht: Die Straße ist eine Sackgasse, aber der Weg hierher zahlt sich aus. Eine wunderschöne Karstlandschaft, ein toller Rundblick, absolute Ruhe. Außer Paolo, der Wirt, spielt auf seiner Harmonika. Dann geht es in seinem kleinen Wirtshaus rund. Gattin Nadja kocht herrlich auf – vornehmlich Speisen mit Trüffel. Vor allem auf schwarze Trüffel ist das Bauerngasthaus spezialisiert. Fand doch Paolo im Herbst 2001 ein 500 g schweres Stück, das sogar im kroatischen Fernsehen gezeigt wurde.

Das Wirtshaus von Paolo und Nadja ist gemütlich, einfach, kredenzt werden die hauseigenen Weine wie Teran und Malvasier. Ehrlich, erdig, würzig.

WC: einfach, sauber

Frischkäse mit Trüffel

Fünf Tage junger Käse wird in einer Pfanne erwärmt, bis er leicht schmilzt. Dieser geschmolzene Käse wird auf einen Teller gestürzt und mit Trüffelsplitter belegt.

Konoba Rino

52462 Momjan 49
TELEFON: *(0 52) 77 91 70*
FAX: *77 90 04*
WIRT: *Rino Prelac*
Italienisch
GEÖFFNET: *von 12 bis 22 Uhr, Dienstag Ruhetag*

Momjan liegt etwa 6 Kilometer vom slowenisch-kroatischen Grenzübergang Kaštel entfernt und ist ein reizvolles Bergstädtchen. Nicht zu verfehlen die schöne Konoba der Familie Prelac. Was Gäste im Inneren des Lokals so verzückt, das ist der Fogolar, eine offene Feuerstelle, wie sie in Friaul-Julisch Venetien in den Trattorien noch in Verwendung ist. Auch hier grillt der Wirt am Fogolar Fleisch und Gemüse. Freundliche Bedienung, freundliche Wirtsleute, freundliches Ambiente und sehr gemütlich, so erlebt der Gast das »Rino«. Im Sommer bietet sich die Sitzterrasse an. Selbstverständlich mit Ausblick ins Land, vor allem hinunter ins Tal zum Winzer Kozlović. Die Küche ist berühmt nicht nur für Trüffel, sondern für istrische Spezialitäten vom Ombolo bis zum Wildgulasch.

WC: getrennt, sauber, Seife, Papierhandtücher

Hirschgulasch

1 kg Hirschschulter, 100 g Zwiebel, 1 große Tomate, 100 g Hamburger Speck, Karotten, Sellerie, Petersilienwurzel, Rosmarin, Salbei, Pfefferkörner, Wacholderbeeren, Olivenöl, Mehl, Teran, Salz

Das Fleisch in grobe Stücke schneiden, salzen und gut anbraten. Das Fleisch aus dem Topf nehmen und in Öl Speckwürfel und

klein geschnittene Zwiebeln, Karotten, Sellerie und Petersilie anrösten. Mit Mehl bestauben. Geviertelte Tomate dazugeben und dann mit Wasser oder klarer Rindsuppe ablöschen. Einige Minuten stark kochen, bis die Flüssigkeit reduziert ist. Jetzt mit Teran (Rotwein) und nochmals etwas Wasser aufgießen und die Gewürze dazugeben. Nun zugedeckt auf kleiner Flamme weich dünsten. Hin und wieder umrühren. Das Fleisch aus dem Topf nehmen und die Soße mit dem Stabmixer pürieren.

Zu diesem klassischen Wild-Gulasch werden in der Konoba »Rino« Njoki serviert.

Pilze mit Rührei

8 Eier, 500 g Steinpilze oder Austernpilze, 100 g Zwiebel, Salz, Pfeffer, Butter

Zwiebel fein hacken und in etwas Butter anschwitzen. Pilze in Scheiben schneiden und zu den Zwiebeln geben. Bei heißer Flamme kurz dünsten lassen (Achtung: Nicht anbrennen lassen!). In der Zwischenzeit die Eier in einer Schüssel aufschlagen und mit Salz und Pfeffer verrühren. Sind die Pilze weich

gedünstet und ist das Wasser verkocht, werden die gerührten Eier in die Pfanne gegossen. Einige Minuten stocken lassen und servieren.

Weingut Preloc

52462 Momjan 49
TELEFON: *(0 52) 77 91 70*
FAX: *77 90 04*
WIRT: *Rino Prelac*
Italienisch
GEÖFFNET: *gegen Voranmeldung*

Der Wirt der kleinen, feinen Konoba Rino ist auch begeisterter Winzer. Einen Steinwurf von seinem Wirtshaus entfernt besitzt er im Hügelgebiet einige Hektar Weinland, die er mit viel Aufwand, Sachverstand und Qualitätsbewusstsein pflegt. Seine Weine sind rassig, harmonisch in der Säure. Die Weinstöcke von Rino Preloc liegen am Abhang eines für den Weinbau besonders begünstigten Gebietes. Auf der anderen Talseite ist das Haus des Winzers Kozlović zu sehen. Preloc keltert Weiß- und Rotweine. Wobei der Malvasier und der Teran zu den wichtigsten Weinen des Hauses gehören. Zu verkosten und zu kaufen: direkt in der Konoba in Momjan.

Weingut Gianfranco Kozlović

52462 Momjan, Valle 78
TELEFON: *(0 52) 77 91 77*
BESITZER: *Gianfranco Kozlović*
Italienisch
GEÖFFNET: *Besuch und Weinkauf nur gegen Voranmeldung*

Valle ist die italienische Bezeichnung für »Tal«. Es ist ein fruchtbares Tal, in welchem der junge Winzer Kozlović seine Weine anbaut und keltert. Das Bauernhaus schmiegt sich

eng an den Berghang, die Weinlagen stehen günstig zur Sonne. In diesem schmalen und geschützten Tal kann sich ein für den Weinbau optimales Mikroklima entwickeln.

Die Weine von Kozlović sind im Wesentlichen Weißweine: Malvasier und Muskat.

Sie werden im Stahltank kaltvergoren, Cuvèes und ein wunderbarer Muskat mit süßem Ton werden im Barrique ausgebaut. Gianfranco ist ein Qualitätsfanatiker und erreicht mit viel Gespür, großer Kenntnis der Weintechnik und moderner Kellertechnik Weine, die international ohne Probleme mithalten können. Das gilt nicht nur für seine Weißweine, sondern auch für seine Rotweine.

Agroturizam San Mauro

52462 Momjan, San Mauro 157
TELEFON UND FAX: *(0 52) 77 90 33*
www.momjan.com/sinkovic
INHABER: *Dora und Libero Sinković*
Italienisch, etwas Deutsch
GEÖFFNET: *Samstag und Sonntag von 11 bis 22 Uhr*

Hier fand ich »Jack«. Eine Dame, die ihrem Besitzer sauteuer kam. »Jack« ist ein Schwein. Nein, keine normale Sau. Sie ist Französin mit

Sinn für den edelsten Genuss dieser Welt: Jack erschnüffelt Trüffel. Das einzige Trüffelschwein Istriens. Hoch oben in San Mauro im schönen Bauernhof der Familie Sinković hat »Jack« eine neue Heimat gefunden und wartet Tag für Tag auf seinen Einsatz. Libero Sinković, der Bauer und Winzer von San Mauro, hat seine Schweinelady auf Trüffel trainiert: Erst Trüffel in den Rüssel. »Jack« musste auf die Pilzknolle narrisch gemacht werden. Was schließlich gelang. So lebt »Jack« jetzt ein schönes Leben, überall am Bauernhof und im Dorf genießt das Schwein freien Auslauf. Nur im Herbst, wenn die weiße Trüffel wächst und im Frühsommer, wenn die schwarze Trüffel reift, dann wird »Jack« unruhig. In der Morgendämmerung packt Libero seinen »Jack« ins Auto und fährt mit ihm in einen Eichenwald. Wohin genau, darüber schweigen sich beide aus …

Der Bauernhof »San Mauro« liegt in einer Gott begnadeten Gegend: hoch oben am Berg mit Blick über halb Istrien. Gegen Westen ist die Adria zu sehen, gegen Osten das Učka-Massiv.

Vier schöne Appartements hat die Familie in einem neugebauten Steinhaus eingerichtet. Sie können auch im Winter vermietet werden. Im Parterre eine Art Buschenschenke, ein gemütlicher Weinkeller, gut-

es Essen, gute, eigene Weine und vor allem jede Menge Schnäpse. Mit Kräutern, Beeren und mit Obst angesetzt. Überall gemütlich, freundlich und qualitätsvoll.

Eine Spezialität des Hauses ist auch der Schafskäse mit Trüffel, der von einem anderen Bauern angeliefert wird. Geöffnet ist die Buschenschenke an und für sich nur Samstag und Sonntag, wer jedoch vorher anruft, der wird freundlich aufgenommen. »Außer wir sind am Feld, im Weingarten oder im Weinkeller beschäftigt, da geht die Arbeit vor«, entschuldigt sich Libero.

WC: sauber

Restoran Marino

52462 Momjan, Kremenje 96
TELEFON: *(0 52) 77 90 47*
WIRT: *Marino Markežić*
Italienisch
GEÖFFNET: *von 12 bis 22 Uhr, Dienstag Ruhetag*

Kremenje ist ein winziger Ort, nur wenige Kilometer von Buje entfernt, und beherbergt ein außergewöhnlich gutes Restaurant, das wegen zwei Gerichten berühmt geworden ist: der Trüffel und des Beefsteaks wegen. Das Restaurant wurde von seinem Wirt Marino vor einigen Jahren vollkommen neu gestaltet. Es ist gemütlich und bietet im Gasthaus selbst rund 100 und unter den Arkaden noch einmal rund 50 Gästen Platz. Im istrischen Gasthausführer »Istra Gastro« wurde das Marino zu den Top-Wirtshäusern erkoren. Was ohne Zweifel auch stimmt. Weil hier Ambiente, das Angebot aus der Küche, der Service und das hauseigene Weinangebot harmonieren. Dass am Ende eines guten Essens der Wirt noch einen hervorragenden Pelinkovac aufwartet, setzt dem Genuss die Krone auf.

Das »Marino« hat auch vier Doppelzimmer zu vermieten. Wer also bis spät in den Abend hinein zechen möchte, der soll sich zuvor eines dieser schönen Zimmer mieten.

WC: top

Bohnensuppe mit Sauerkraut

100 g große Bohnen, 250 g Sauerkraut, 150 g Kartoffeln, 100 g Hamburger Speck, 400 g geräucherte Schweinsrippe, Knoblauch, Lorbeerblatt, Salz, Pfeffer

Das Sauerkraut, die Bohnen und die Schweinsrippen jeweils in einem eigenen Wasser kochen. Sind die Bohnen halb durch, werden sie abgeseiht und mit dem Sauerkraut zu den Schweinsrippen gegeben. Gewürze und Pešt dazugeben und weiterköcheln lassen. 15 Minuten vor Ende der Garzeit geschälte und kleinwürfelig geschnittene Kartoffeln beimengen. Die Schweinsrippen herausnehmen, die Suppe in Teller geben und die Rippen aufsetzen.

Dazu einen kräftigen Teran trinken.

Geschmorte Schwammerln

800 g Eierschwammerln (Pfifferlinge), 150 g Zwiebel, Knoblauch, Olivenöl, Lorbeerblatt, Salz, Pfeffer

Die Schwammerln putzen, klein schneiden und in kochendes Wasser geben. Ein Lorbeerblatt dazugeben und alles kurz überkochen. Abseihen. Die fein gehackten Zwiebel in Öl anschwitzen, die überbrühten Schwammerln mit

den Gewürzen dazuschütten und kochen lassen, bis das Wasser stark reduziert ist. Zu Njoki oder als Beilage zu Fleisch servieren.

Konoba Pod Voltom

52460 Buje
TELEFON: *(0 52) 77 22 32*
WIRT: *Ante Babić*
Italienisch, Deutsch
GEÖFFNET: *von 11 bis 23 Uhr, Montag Ruhetag*

In der bezaubernden Altstadt von Buje findet sich mit einiger Mühsal das versteckte Wirtshaus Pod Voltom. Man geht vom Marktplatz einige Schritte Richtung Hauptstraße (bergab) und findet hinter einem Torbogen dieses Lokal. Es ist alt, aber doch irgendwie gemütlich, weil es ein gewisses Flair ausstrahlt.

Vor dem Wirtshaus ein kleiner Gastgarten mit Blick in die Weingärten der Umgebung. Viele Gäste kehren ein, weil hier die Fischküche recht gut ist, doch auch ein hervorragender istrischer Schinken und bodenständige Kost werden von den Wirtsleuten angeboten. Buje ist die erste Stadt nach dem Grenzübertritt bei Kaštel. Sozusagen der erste istrische Eindruck. Er fällt enorm aus, denn gerade von Norden her erhebt sich Buje wie eine mächtige Trotzburg.

WC: sauber, getrennt

Posutice

2 Eier, 400 g Mehl, Salz, Wasser

In den Alpen werden diese Nudeln »Flecken« genannt. In Istrien werden sie zu Baccala, das ist ein Eintopf aus Stockfisch (getrockneter Kabeljau), oder gebratenen Sardellen gereicht.

Der Teig ist einfach: Das Mehl sieben, aufhäufen, eine Vertiefung machen. Darin die Eier aufschlagen und etwas Wasser beimengen. Jetzt alles gut mischen und einen geschmeidigen Teig kneten. Rasten lassen, dünn ausrollen und große Quadrate herausschneiden (drei bis vier Zentimeter). Im Salzwasser kochen, bis sie al dente (bissfest) sind.

Konoba Malo Selo

52460 Buje, Fratrija bb
TELEFON: *(0 52) 77 73 32*
WIRTE: *Mira Zrnić und Danko Posavec*
Italienisch
GEÖFFNET: *von 12 bis 24 Uhr, (im Winter bis 22 Uhr), Mittwoch Ruhetag (nur Winter)*

In einem sehr attraktiven und traditionellen Steinhaus ist diese Konoba untergebracht. Heimelige Atmosphäre, die Wirtin hat ihr Lokal mit vielen lieben Dingen ausgestattet.

Die Konoba ist leicht zu finden, sie liegt in der Nähe jener Straße, die Buje mit Portorož verbindet. In Fratrija muss abgezweigt werden, kein Problem, da die Konoba durch ein Hinweisschild gekennzeichnet ist.

Die Wirtin Mira kocht selbst und ist eine wahre Meisterin beim Umsetzen guter Trüffelgerichte. Vor allem in Kombination mit hausgemachten Nudeln und mit Fleisch.

Beefsteak mit Trüffeln ist ein Gaumenschmaus. Dazu werden Weine aus der Gegend gereicht.

Rundum befinden sich ja sehr fruchtbare Weingärten. Platz ist im gemütlichen Lokal für rund 60 bis 70 Personen, im Sommer steht auch eine Terrasse für rund 50 Gäste zur Verfügung.

WC: top

Istrianische Minestra

300 g Bohnen, 100 g Hamburger Speck, 300 g geräucherte Stelze mit Knochen, 100 g Zwiebel, 300 g Kartoffeln, 2 Tomaten, 3 Knoblauchzehen, grüner Sellerie, Lorbeerblatt, Salz, Pfeffer

Die Bohnen über Nacht in Wasser einlegen. Am nächsten Tag 15 Minuten kochen. Die Stelze dann zu den Bohnen geben und geschnittene Zwiebel, Lorbeerblatt, Salz und Pfeffer dazugeben. Mit Pešt würzen. Sind die Bohnen al dente und löst sich das Fleisch vom Knochen, dann den Knochen herausnehmen und eventuell das Fleisch in kleinere Stücke zerteilen. Das Fleisch wieder zurück zu den Bohnen geben und schließlich die geschälten, kleinwürfelig geschnittenen Kartoffeln und die geviertelten Tomaten sowie den Knoblauch beimischen und so lange weiterkochen, bis alles weich ist. Wird als Eintopf serviert.

Von Opatija (Abbazia) nach Moščenička und Plomin

Über Labin nach Rabac und weiter zur südlichsten Spitze Istriens nach Medulin, Premantura und zum Kap Kamenjak

Richtung Triest
Slowenien
Richtung Triest, Laibach
Savudrija
Bašanija
Zambratija
Valica
Murine
Sv. Marija na Krasu
N. Stella maris
T. N. Punta
Koreniki
Kaldanija
Kaštel
Castelvenero
Vilanija
Umag
Petrovija
Gamboci
Buje
SV. Pelegrin
Šege
Kršete
Babići
Finida
Lovrečica
Radini
Fiorini
Brtonigla
Baredine
Ladin Gaj
Nova Vas
Lozari
Srbani
Dajla
T.N. Mareda
Bužinija
Novigrad
Merišće
Brda
Momjan
Vrnjak
Marušići
Gomila
Čepić
Šterna
Triban
Martinčići
Makovci
Kremenje
Grožnjan
Sv. Lucija
Oprtalj
Livade
Žudetići
Vranje Selo
Motovun
Višnjan
Vižinada
Ferenci
Cerjani
Rogovići
Kaštelir
Baškoti
Brig
Tar
Kovači
Labinci
Dvori
Štuti
Gedići
Žužići
Nova Vas
Bačva
Radovani
Poreč
Vranići
Jehnići
Žbandaj
Baderna
Jakovići
Radman
Zelena laguna
Starići
Dračevac
Sv. Lovreč
Monfardini
Begi
Funtana
Flengi
Marasi
Straniči
Selina
Radetići
Gradina
Vrsar
Kloštar
Koversada
Limski Kanal
Valata
Bubani
Brajkovići
Kurili
Rovinjsko Selo
Borik
Rovinj
Golaš
Bale Valle
Negrin
Mednjan
Barbariga
Mandriol
Golubovo
Peroj
GAZ
MALI BRIJUNI
Fažana
Brijuni
Šurida
PULA
VERUDA
Vinkuran
Banjole
Pomer
Premantura
Medulin
Ližnjan
Rt. Kamenjak
Šikići
Šišan
Valtura
Vodnjan
Loborika
Radeki
Muntić
Kavran
Šegotići
Peruški
Krnička Luka
Krnica
Rakalj
Pinezići
Čelija
Divšići
Orbanići
Manjadvorci
Hreljići
Bičići
Glavan
Režanci
Želiski
Puntera
Barban
Most-Raša
Orihi
Grandići
Melnica
Peteh
Koromani
Svetvinčenat
Smoljanci
Kanfanar
Tomišići
Gradišće
Žagrići
Balić
Žminj
Zabrežani
Pulići
Publići
Bazgalji
Čubanići
Bertoši
Sv. Petar
Tinjan
Vela Traba
Beram
PAZIN
Brajkovići
Trviž
Škropeti
Karojba
Kašćerga
Grdoselo
Novaki Pazinski
Cerovlje
Gologorica
Golgoročki dol
Gračišće
Zajci
Šumber
Boljevići
Kršan
Sv. Martin
Mariči
Veli Golji
Kršan
Labin
Rabac
Raša
Brgod
Polje
Trget
Stanišovi
Peršići
Vlakovići
Viškovići
Brovinje
Koromačno
Skvaranska
Drenje
Sv. Marina
Duca Luka
Eržišće
Sv. Nedelja
Vozlići
Plomin
Plomin-Luka
Brseč
Martina
Golovik
Jelena
Mošćenice
Mošćenička Draga
Kraj
Medveja
Tuliševica
Lovran
Kontuši
Šušnjevica
Kostrčani
Paz
Vranja
Borut
Zamask
Grimalda
Grižani
Dragué
Lesiščina
Dolenja Vas
Poljane
Opatija
Veprinac
Rukavac
Kučeli
Mučići
Zvoneće
Ružići
Perka
Veli Brgud
Žejane
Male Mune
Pasnjak
Šapjane
Rupa
Jelovice
Vodice
Dane
Brest
Kropinjak
Slum
Račja Vas
Lanišće
Brgudac
Ročko Polje
Lupoglav
Hum
Roč
Selca
Čiritež
Forčići
Sv. Martin
Gor. Nugla
Štrped
Buzet
Škuljari
Žonti
Zrenj
Žnjidarići
Sovinjak
Sovinjska Brda
Vrh
Klarići
Račice
Kruševari
Bartolići
Senj
Sv. Bartol

Es ist auch mir klar, dass Opatija, Lovran und Moščenička Draga verwaltungspolitisch nicht zu Istrien gehören (siehe auch das Vorwort zu diesem Buch), aber geographisch bilden diese Orte mit der Halbinsel eine Einheit. Daher erlaube ich mir, die zweite kulinarische Reise in Opatija (Abbazia) zu beginnen.

Das Seebad des österreichischen Adels

Die Ostküste Istriens fällt steil in die Adria ab. Der Berg Učka drängt zwischen Opatija und Plomin direkt an die Küste. Was ihr ohne Zweifel eine malerische Bedeutung gibt: Denn nur in den Buchten ist Platz für Dörfer, und so schmiegen sich die Häuser in die Steilhänge, um zumindest ein wenig Raum für kleine Häfen und schmale Strände zu bieten. Nur in Opatija, das im Italienischen Abbazia genannt wird, öffnet sich diese Enge zu einer einigermaßen ausladenden Bucht. Natürlich ist auch Opatija in die Hänge des Karstes gebaut, doch finden sich hier kleine Plätze, ebene Flächen und scheinbar mehr Sonnenstunden. Dieses Abbazia hat durch den Bau der Bahnlinie Wien-Triest im 19. Jahrhundert erstmals enorme Bedeutung erlangt. Von dieser Bahnlinie ist bei Postojna im heutigen Slowenien eine Nebenlinie nach Rijeka (Fiume) errichtet worden. Rijeka hatte als Hafenstadt schon einige Bedeutung, die mit der Verkehrsverbindung »Bahn« ins Hinterland enorm stieg.

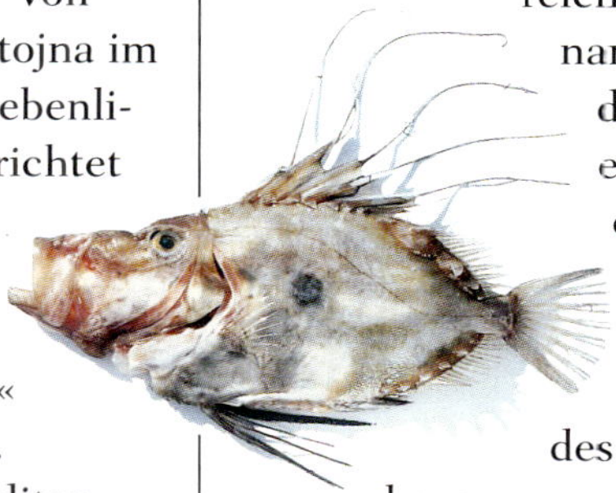

Das besonders milde, mediterrane Klima lockte den Wiener Adel und reiche Kaufleute der Monarchie an. Damals entstanden prächtige Villen mit exotischen Parkanlagen, Hotels im Stile der Ringstraßenpalais – jedoch mit wesentlich spielerischen und mehr südländischen Elementen – Pensionen, Cafès und Restaurants. Abbazia wurde zum mondänen Seebad. Jedoch weniger im Sommer, als vielmehr im Winter und Frühjahr drängelte sich die feine Gesellschaft samt Adabeis zwischen Abbazia und Lovran. Die Promenade wurde errichtet. Ein Flaniersteig entlang der Küste, 14 Kilometer lang, vorbei an all den prächtigen Fassaden der Villen und Hotels aus der Zeit der Monarchie.

Der Aufstieg Opatijas wird zwar dem österreichischen Adel zugeschrieben, aber begonnen hatte ein reicher Italiener namens Scarpa, der 1844 die erste Villa errichtete. Im selben Jahr wurde auch mit dem Bau des ersten Hotels begonnen, es hieß damals »Quarnero« (Kvarner). In nur 20 Jahren entwickelte sich der Ort zu einem mondänen Treffpunkt. Nicht nur gekrönte Häupter kamen nach Opatija oder Lovran, sondern auch berühmte Künstler wie Gustav Mahler, Anton Pavlovic Tschechov oder Franz Lehar. Sie alle pilgerten über den »Lungo mare« – die rund 14 Kilometer lange Promenade direkt am Meeresufer.

Der Bürgermeister von Moščeniče

Der Unterschied zwischen Moščeniče und Moščenička Draga sind etliche Höhenmeter. Während der letztgenannte Ort sich in eine kleine Bucht etliche Kilometer südlich von Lovran schmiegt, befindet sich Moščeniče selbst hoch oben auf einem Felsausläufer des Učka-Massivs. Schon von weitem ist auf der Küstenstraße die Kirche zu sehen. Wie eine Festung ragt sie aus dem Berg und blickt trotzig auf die Adria hinunter. Der Weg dorthin zahlt sich in mehrfacher Hinsicht aus.

Einmal wegen des Bürgermeisters. Ein Elektroingenieur, der seinen zivilen Job an den Nagel gehängt hat und im Winzigdorf mit der Rolle des Gemeindeoberhauptes voll ausgelastet ist. Nicht täglich, nein, nur zur Reisesaison. Da spielt der Herr Bürgermeister den perfekten Touristenführer durch seinen Festungsort. Er zeigt die engen Gässchen (zwei bis drei), den Brunnen, dessen Wasser die Erotik der Menschen förderte, daneben die Kirche, das Museum, wo seine Gattin, eine gebürtige Deutsche, als Kustos arbeitet und spaziert schließlich mit den Reisegruppen in eine alte Ölmühle. Dort wird mit einem Schnaps auf gute Zeiten angestoßen. Ganz klar, dass die Besucher diesem geistigen Getränk nicht nur zusprechen, sondern davon auch flaschenweise einkaufen. Er ist ja nicht schlecht, wirklich nicht.

Der Bürgermeister spricht perfekt deutsch, macht seine Sache mit viel Humor und Witz und ist somit die Attraktion der Küste. Der Ausblick vom einzigen Gasthaus des Ortes tief hinunter auf die blaue Adria, die Bucht von Rijeka und die Insel Cres macht den Ausflug dann zu einer runden, schönen Sache.

Von Mošćeniče über Plomin nach Rabac

Immer höher hinauf, die Adria immer tiefer – die Küstenstraße schlängelt sich am Učka-Rücken entlang, um dann bei Plomin etwas weiter in das Landesinnere zu stoßen. Dann und wann sind kleine Ausweichen auf dieser Küstenstraße. Sie sollten genützt werden, um den Ausblick zu genießen oder um Fotos zu schießen. Selten wird ein Weg hinunter in eine der kleinen Buchten der Adria führen. Die Winzigstrände sind für die Bootsfahrer interessant, weil doch »privat« und »intim« vorherrschen und nicht »öffentliches Publikum«. Eine kurze Rast in Plomin, früher Fianona genannt. Sie ist sehr venezianisch, diese Kleinstadt. Tore, Treppen, Gässchen, in denen die Kinder lachend spielen. Zu sehen ist hier auch eine Krypta mit Sarkophagen, Skeletten und Totenschädel. Von Plomin führt die Straße weiter durch Waldstücke nach Labin. Die Adria ist nicht mehr zu sehen, doch von Labin aus lohnt sich ein Abstecher nach Rabac, einem Badeort an der Ostküste. Vielleicht noch ein wenig ein Geheimtipp, wie wohl auch dort der Tourismus schon professionelle Formen angenommen hat. In Rabac schmiegen sich die Häuser wie Bienenwaben an den Berghang. Enorm, was hier an Neubauten errichtet wurde.

Die Ruinenstadt Nesactium und Pola

Von Rabac zurück nach Labin und dann in Richtung Pula erreicht man die »terra rossa« – das Land der roten Erde. Die Berge weichen zurück, leichtes Hügelland beginnt.

In Marčana unbedingt Richtung Raša abbiegen. Ein kleines Dorf, das für seine Töpfer bekannt ist.

Knapp vor dem Flughafen von Pola (Pula) zweigt nach links eine Straße zum geschichtlich bedeutendsten Ort Istriens ab: Die Ruinenstadt Nesactium (der Weg dort hin ist gut ausgeschildert) gibt tiefen Einblick in die Geschichte dieser Halbinsel.

Vermutlich 1200 vor Christi Geburt dürfte sich auf diesem Platz eine blühende Stadt befunden haben. Sie war die Hauptstadt des Stammes der Histrier. Titus Livius,

der römische Geschichtsschreiber, der so manchem von uns im Lateinunterricht bittere (Übersetzungs)Stunden beschert hatte, berichtete, dass sie 177 v. Chr. an dieser Stelle einem gewaltigen Heer der Histrier gegenüber standen. Nach schwerer Schlacht rangen die Römer die Histrier nieder. Das 20.000 Mann starke Heer der Histrier wurde von König Epulon angeführt. Die Legende berichtet, dass nach der Niederlage die Histrier den Selbstmord wählten, nur um nicht in Gefangenschaft der Römer zu geraten. König Epulon hat vor der Niederlage noch den Schatz seines Volkes vergraben lassen.

1981 ist bei Ausgrabungen ein kleiner Teil dieses Schatzes entdeckt worden: ein kostbarer Bronzegürtel mit Steinbock-Reigen, Teile einer Situla (ein Bronzegefäß), auf der eine Schlacht dargestellt ist, Bronzeschmuck und vieles mehr. Der Schatz ist im Archäologischen Museum Istriens in Pula ausgestellt. Dieses Museum befindet sich in der Nähe des Amphitheaters.

Was geschah mit Nesactium weiter? Die Römer bauten die Stadt zu einer Militärkolonie aus. Zerstört wurde die antike Stadt bei slawischen Überfällen in den Jahren 599 bis 611.

Die Ausgrabungsstätte verfügt über ein Haus, in dem Pläne und Dokumente über die einstige Hauptstadt Istriens ausgestellt sind.

Von Nesactium ist es nicht mehr weit in die südlichste und größte Stadt der Halbinsel – nach Pola.

Eine Stadt, die von den Illyrern erbaut wurde und große Bedeutung zur Römerzeit, zur Zeit der Venezianer und der k.-u.-k.-Monarchie besaß. Pola war der Kriegshafen der Monarchie. Pola ist slawisch und italienisch, es ist ein wenig altösterreichisch und doch sehr istrisch. Es ist verschlafen, arm, geschäftig und reich. Pola ist vor allem mediterran. Reizvolle Kombinationen. Neben Hafen und den kleinen Gässchen der Innenstadt muss vor allem das Amphitheater besucht werden. Es ist zur Zeit des Augustus erbaut worden. Die Arkadenbögen sind 33 Meter hoch, beeindruckend, und doch lässt es den Bewunderer erschauern. Wie viele Menschen wurden hier zu Tode gerissen, zerstückelt, gevierteilt? Das Amphitheater ist das Wahrzeichen der Stadt. Heute wird in der Arena wieder Theater und Konzert geboten, ohne blutiges Spektakel. Placido Domingo trat auf, Sting gab ein Konzert und auch Joe Cocker hat hier gesungen.

Zur Zeit der Monarchie – Pula fiel 1814 an Österreich – erfolgte ein weiterer Aufschwung für die Stadt. Aus einem kleinen Nest entstand eine blühende Stadt. Die Kriegsmarine besaß hier ihren Sitz. Werften wurden errichtet, Fabriken entstanden, Villen und Heeresunterkünfte sind erbaut worden. Über 40.000 Menschen lebten hier. Heute zählt Pula weit über 80.000 Einwohner.

Kap Kamenjak, der Zeigefinger Istriens

Pula ist die südlichste Stadt der Halbinsel, aber bis zum südlichsten Punkt Istriens ist es dennoch eine lange Strecke. Wie ein Zeigefinger ragt bei Medulin und Premantura das Kap Kamenjak ins Meer. Ein Gemisch aus kleinen Inseln, Halbinseln, vielen Buchten. Hier ist Istriens schönster Badeplatz. Enorm, wie schnell auf den Halbinseln Hotels, Pensionen und Ferienwohnhäuser aus dem Boden wachsen.

Leider scheint hier die Koordination, was in die Landschaft passt, nicht immer zu stimmen. Was allerdings positiv ist: Ein Teil des Kaps ist für den Ausbau, aber auch für den Autoverkehr gesperrt. Damit kann die Naturlandschaft großteils erhalten werden.

Wir besuchen:

Restaurant Kukuriku, Kastav
Plavdi Podrum, Opatija
Hotel Millennium, Opatija
Perun, Mošćeniče
Landhaus Oraj, Lovran
Villa Guerra, Icici
Restaurant Kvarner, Lovran
Nostromo, Rabac
Agroturizam Percan, Krnica
Restaurant Oštriga, Pomer
Restaurant Da Giovanni, Premantura
Restaurant-Hotel Scaletta, Pula
Restaurant Milan, Pula
Hotel-Restaurant Valsabbion, Pula
Vela Nera, Pula

Restaurant Kukuriku

51215 Kastav 120
TELEFON: *(0 51) 69 14 17*
www.restoran-kukuriku.com
WIRT: *Nenad Kukurin*
KÜCHENCHEF: *Zdarvko Tomsic*
Italienisch, Deutsch, Englisch
GEÖFFNET: *von 12 bis 23 Uhr, Montag Ruhetag, keine Betriebsferien*

Lieben Sie Romanzen? Dann sollten Sie bei Nenad den kleinen Balkon reservieren, für ein Dinner zu zweit à la »Romeo und Julia«. Der Blick über die Kvarner Bucht, das tolle Essen – was kann da noch schief gehen?

Nenad Kukurin hat in Kastav, einem kleinen Bergdorf hoch über Opatija (rund vier Kilometer Fahrtstrecke vom Zentrum Opatijas entfernt), ein Restaurant der Marke »slow food« eröffnet. Was er den Gästen bietet, lässt diese hochjubeln: Eine Küche, die istrianische Grundprodukte und alte Rezepte mit mediterranen Einflüssen verbindet. Dazu werden die besten Tropfen des Landes gereicht. Neben der wirklich überraschenden Küche ist auch das Ambiente des Lokals wohltuend und sozusagen ebenfalls »slow«: istrianischer Stein, Farben aus der Provence. Was Nenad außer landestypischen Saisonprodukten vom Meer und den Bergen bietet, ist Pferdefleisch: Das Pferdesteak entzückt vor allem italienische Gourmets.

WC: bestens

Scampi im Schinken

12 Scampischwänze, 12 hauchdünne Schinkenscheiben, Olivenöl, Weißwein

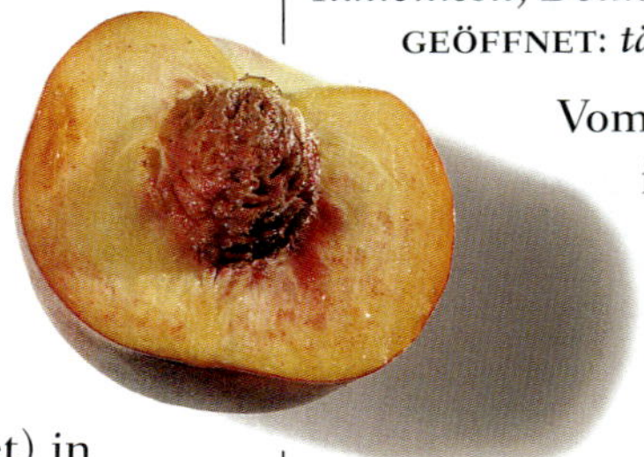

Die Scampischwänze kurz blanchieren und auslösen. Istrianischen Schinken (luftgetrocknet) in hauchdünne Scheiben schneiden und darin jeweils einen Scampi einrollen. In Olivenöl anbraten, mit Weißwein ablöschen, salzen, pfeffern und kurz dünsten lassen. Mit Reis servieren.

Plavdi Podrum

51410 Opatija, Loc. Volosco
TELEFON: *(0 51) 21 76 93*
Italienisch, Deutsch, Englisch
GEÖFFNET: *täglich ab 11 Uhr*

Vom Zentrum Opatija ist es ein gemütlicher, rund 40 Minuten dauernder Spaziergang entlang der Meerespromenade bis zum kleinen, der Stadt vorgelagerten Dörfchen Volosco. Es liegt direkt am Meer, verfügt über einen winzigen Hafen, über viel Ruhe und Sonne. Direkt am Hafen liegen mehrere Gaststätten. Sie sind alle empfehlenswert. Ich habe mich für das Wirtshaus Anfora entschieden. Es liegt windgeschützt und ich bin gerne im Frühjahr dort, denn wenn bei uns noch Schnee liegt und uns die Kälte plagt, kann im Anfora mittags bereits auf der Terrasse gespeist werden. In erster Linie ist es Fisch, was auf den Tisch kommt. Gut gekocht, ohne großem

Red Bull
SENDVICH
TOAST

Schnickschnack. Gute istrische Weine werden dazu serviert. Das Personal ist zuvorkommend, freundlich und fremdsprachensicher.

WC: getrennt, sauber

Tintenfischsalat

1 kg Tintenfisch, 2 Eier, Olivenöl, Weinessig, 1 Zitrone, Salz, Pfeffer, Petersilie

Den Tintenfisch gut waschen und putzen. In Salzwasser kochen (dabei muss sich die Haut lösen). Die Haut abziehen und das Fleisch kleinwürfelig schneiden. Eier hart kochen und ebenfalls klein schneiden. Mit dem Tintenfisch vermischen, salzen, pfeffern, mit Essig und Öl abmischen und mit gehackter Petersilie garnieren. Zitronenspalten auf einen Extrateller legen und mit dem Tintenfischsalat servieren.

Hotel Millennium

51410 Opatija, Maršala Tita 109
TELEFON UND FAX: *(0 51) 20 20 00*
E-MAIL: *ugo-hoteli@ri.hinet.hr*
www.ugohoteli.hr
Deutsch, Italienisch, Englisch
Küche geöffnet bis 23 Uhr, kein Ruhetag, keine Betriebsferien

Im Zentrum von Opatija liegt die derzeit beste Wohnadresse der altösterreichischen Riviera. Das Hotel direkt am Lungomare verfügt über luxuriös und komfortabel eingerichtete Zimmern und Suiten. Jedes Zimmer strahlt Wärme und Behaglichkeit sowie ein wenig k.-u.-k.-Nostalgie aus. Leider ist diese Stimmung in der Lobby des Hotels nicht vorhanden. Die wirkt sehr nüchtern. Gut essen, reichhaltiges Frühstücksbuffet, eine herrliche Terrasse, Hallenschwimmbad, Sauna – es ist zum Aushalten, auch wenn die Bora über Opatija düst.

Direkt vor dem Haus führt auch der Spazierweg entlang der Küste vorbei.

Was noch besonders positiv auffällt: Das Hotel verfügt über eine Tiefgarage. Bei dem Parkplatzmangel in Opatija eine Wohltat. Auch der Park nahe der Villa ist eine Wohltat für Auge und Seele – eine der schönsten Gartenanlagen der Region. Palmen, mediterrane Pflanzenpracht – einfach wunderschön.

Perun

51415 Moščenička Draga, Mošćeniče bb
TELEFON: *(0 51) 73 75 15*
FAX: *73 75 10*
E-MAIL: *restoran-perun@ri.hinet.hr*
www.perun.hr
WIRTIN: *Katja Mohorović Stroligo*
Deutsch, Italienisch
GEÖFFNET: *von 11 bis 23 Uhr, Saison kein Ruhetag*

Gibt es einen schöneren Blick über die Bucht von Rijeka als von der Terrasse des Restaurant Perun aus? Entlang der Kvarner-Küste wahrscheinlich wohl nicht. Das Perun ist das einzige Restaurant von Moščeniče. Hoch oberhalb der Küstenstraße, die von Opatija in Richtung Pula verläuft. Der Ort ist eine kleine Festung, das Restaurant liegt außerhalb, direkt am einzigen Parkplatz des Dorfes. Die Spezialitäten im Perun sind meist Fischgerichte, doch versteht es hier die Kochmannschaft, auch Fleischgerichte von guter Qualität auf den Tisch zu bringen.

Außerhalb der Sommersaison sind die Scampi aus dem Kvarner ein Leckerbissen der besonderen Art. Nach Buzzara-Art beispielsweise. Überhaupt versucht hier der Wirt, seinen Gästen ein wenig aus der traditionsreichen Küste des Kvarner aufzutischen. Dazu wird dann Zlahtina, der Weißwein der Insel Krk, serviert. Ob des Essens – Platz ist auch für größere Gruppen im Speisesaal, auf der Terrasse und im Extrastüberl – oder der wunderbaren Aussicht wegen ist das Perun die kleine Bergfahrt wert.

Nudeln mit Sardellen

240 g Salzsardellen,
Olivenöl,
400 g Nudeln (Fuži oder andere Teigplatten)

Die Sardellen häuten und die Gräten herausnehmen. In heißem Olivenöl braten und mit den al dente gekochten Nudeln sowie frisch geriebenem Käse servieren.

Landhaus Oraj

51415 Lovran, Oraj
TELEFON: *(0 51) 70 42 76*
FAX: *70 41 83*
E-MAIL: *lovranske.vile@ri.tel.hr*
www.lovranske-vile.com
BESITZER: *Vjekoslav Martinko*
Deutsch, Englisch, Italienisch
GEÖFFNET: *auf Anfrage*

»Milica, geh in den Wald, wir haben Gäste«, fast unhörbar flüstert France die Aufforderung ins Ohr. Milica verschwindet kurz, um bald mit einem dicken Strauß wildem Spargel zurückzukehren. France hat in der Zwischenzeit Schinken, Salami und Käse serviert – vom Feinsten. Dann gibt es Spargel mit Rührei und geschmolzenem Käse, ein Traum. Alles ist wie im Traum: Hoch über Lovran auf einem Hügel das Landhaus Oraj. Einer jener Orte, die dem Besucher unwillkürlich ein Halleluja entlocken. Vjekoslav, der Besitzer des Landhauses, schmunzelt, wenn seine Gäste so reagieren: »Es freut mich, wenn jemand auf diesen Ort so anspricht.« Oraj ist ein esoterischer Platz: Das renovierte Steinhaus mit seinen freundlichen Zimmern, der große Tisch unter der Laube, die vielen Terrassen, die im Laufe der Jahrhunderte von Bauern aus dem steilen Učka-Abhang abgerungen wurden. Diese Ruhe, dieser Blick hinunter auf das Meer. Dann France, der Nachbar, der als Koch mit dem Haus mitgemietet werden kann. Oder Milica, eine andere Nachbarin, die für Ordnung und Sauberkeit sorgt. Sie sind natürlich geblieben. France pflegt eine Küche mit uralten Rezepten. Es passt auch in das Konzept von Vjekoslav, einem ehemaligen Maschinenbauingenieur. Er war Weltreisender, Manager, immer im Stress. Dann hat er sich nach Lovran zurückgezogen und begann, alte Villen aufzukaufen und zu revitalisieren. Oraj ist eines seiner Glanzstücke: »Ferien bewusst erleben«, ist das Motto von Vjekoslav. Wie recht er hat. Willkommen im Haus, willkommen bei sich selbst!

Maronisuppe

1 kg Kastanien, Butter, Milch, Mehl, Käse, Salz, Pfeffer

Die Kastanien kochen, schälen und passieren. Eine Béchamel anrühren und mit der Kastanienmasse gut verrühren. Milch dazugeben und kurz einkochen lassen. Salzen, pfeffern und mit Wein abschmecken.

Villa Guerra

51414 Icici, Poljanska 27
Lovranske Vile
TELEFON: *(0 51) 70 42 76*
FAX: *70 41 83*
E-MAIL: *lovranske.vile@ri.tel.hr*
www.lovranske-vile.com
BESITZER: *Vjekoslav Martinko*
Deutsch, Englisch, Italienisch
GEÖFFNET: *auf Anfrage*

Zu den Schönheiten der noblen Villen aus dem 19. Jahrhundert in Lovran gehört die Villa Guerra. Einst wurde diese Jugendstilvilla von einer reichen Turiner Familie errichtet. Nach langem Dornröschenschlaf hat sie Vjekoslav Martinko wieder erweckt. Die Villa beherbergt das Nobelrestaurant »Kaiser Franz Josef« und mehrere komfortable Zimmer und Suiten. Dazu die eigene Badebucht, ein duftender Park und eine traumhafte stilvolle Einrichtung. Über die Qualität der Küche kann nichts gesagt werden, da zum Zeitpunkt der Recherche das Haus noch nicht eröffnet war (Frühjahr 2002).

Neben der Villa Guerra bietet Lovranske Vile auch die Villa Adela, die Grüne Residenz und die Orientalische Residenz als Feriensitze mit dem besonderen Flair an.

Mila
1967
HOTEL & RESTAURA
VODNJANSK
MASLINOVO UL
EXTRAVERGINE DI DIGNAN

Restaurant Kvarner

51415 Lovran, Šetalište M. Tita 68
TELEFON: *(0 51) 29 11 18*
WIRT: *Lovro Klarić*
Deutsch, Italienisch, Englisch
GEÖFFNET: *von 11 bis 23 Uhr*

Einst als Versorgungsinstitution für Touristen ein Glanzstück an der Kvarner Riviera ist das gleichnamige Restaurant auch in der modernen Zeit noch immer eine empfehlenswerte Adresse für Menschen, die gerne gut Fisch essen. Es ist ein großes Haus mit mächtigen, teils riesigen Räumen. Im alten Trakt macht die Spiegeldecke die Größe nur noch imposanter.

So wurde eben in den 60-er und 70-er Jahren gebaut. Die besonderen Werte liegen in der Küche und im Service. Selten wurde ich in Istrien so kompetent, freundlich und perfekt bedient. Kein Wunsch bei Änderung der Speisenfolge blieb unberücksichtigt.

Was das »Kvarner« im Sommer so begehrt macht: die große, überdachte Terrasse. Sie schwebt beinahe über dem winzigen Fischerhafen von Lovran.

WC: groß, sauber

Krabbensalat

4 Krabben, Olivenöl, Weißwein, 2 Eier, 1 Zitrone, grüne Petersilie

Die Krabben mit dem Rücken ins kochende Salzwasser geben und etwa 20 Minuten kochen. Dann herausnehmen, das Fleisch auslösen. Die Eier hart kochen, schälen, klein hacken und mit Öl, Zitronensaft, fein gehackter Petersilie, Salz und Pfeffer mischen. Das Krabbenfleisch in die Schalen legen, das marinierte Ei darüber geben und servieren.

Nostromo

52220 Rabac, Obala M. Tita 7
TELEFON: *(0 52) 87 26 01*
WIRT: *Valter Karlović*
Deutsch, Italienisch
GEÖFFNET: *von 10 bis 23 Uhr, im Sommer kein Ruhetag*

Rabac ist an und für sich schon ein etwas eigenartiger Ferienort, der über Labin vom Landesinneren erreicht werden kann. Direkt beim kleinen Hafen liegt das Restaurant Nostromo. Im Sommer von Touristen überlaufen, bleibt die Küche aber dennoch immer wieder traditionellen, bodenständigen Gerichten treu. Wie beispielsweise dem Beefsteak mit Gorgonzola. Auch der Branzino in einer getrüffelten Soße gehört zu jenen Gerichten, die vor allem italienische Kunden anlockt. Im Restaurant gibt es rund 150 Sitzplätze. Schön ist es natürlich auf der Terrasse, wo rund 80 Gäste Platz finden.

WC: sauber

Risotto mit Calamari

600 g Calamari, 4 kleine Tassen Reis, Öl, Knoblauch, Petersilie, Weißwein, Zwiebel, Butter, Parmesan, Salz, Pfeffer

Die Calamari gut waschen und klein schneiden. In Olivenöl feingehackte Zwiebel anschwitzen und die Calamari dazugeben. Gut anbraten, dann Reis beigeben, etwas mitrösten lassen. Mit Weißwein ablöschen. Dann immer gut rühren und ständig etwas Wasser und Fischfond dazugeben. Gut salzen. Kurz bevor der Reis bissfest gekocht ist, werden 1 Esslöffel Butter und 2 Esslöffel Parmesan unter den Reis gemischt. Mit Salz und Pfeffer abschmecken und heiß servieren.

Agroturizam Percan

52208 Krnica 37
TELEFON: *(0 52) 55 50 11*
BESITZER: *Silvano und Mirjana Percan*
Italienisch, Deutsch, Englisch
GEÖFFNET: *auf Anfrage*

Ein uraltes Steinhaus, in dem, so Maja, die Tochter am Bauernhof Percan, bereits der Urgroßvater gewohnt habe. Sie könne sich noch erinnern, dass in jenem Teil, der jetzt ein istrianisches Appartement beherbergt, ein Pferdestall war. Die Familie Percan ist Beispiel für gelungene Umstellung vom einfachen Bauernhof zu einem kleinen, touristischen Unternehmen. Seit 15 Jahren werden Ferienwohnungen vermietet. Es sind sieben Wohnungen mit insgesamt 23 Betten. Das schönste Appartement ist jenes im uralten Steinhaus. Eine Wohnung in zwei Ebenen: Im Parterre das Wohnzimmer samt Kochnische, Dusche und WC, im oberen Stock wie in einer Maisonette stehen zwei Doppelbetten. Vor der Wohnung eine kleine Terrasse mit einem Steintisch samt »Eckbank«. Der Agroturizam-Betrieb liegt direkt an jener Straße, die von Krnica nach Rakalj führt. Wenige Meter nach einer kleinen Kapelle liegt das Haupthaus.

Übrigens eine ideale Gegend, um von hier aus Radausflüge zu unternehmen.

Restaurant Oštriga

52100 Pula,
Pomer 145
TELEFON: *(0 52) 57 30 77*
WIRT: *Darko Kvaranta*
Deutsch, Italienisch
GEÖFFNET: *ganzjährig,*
von 12 bis 24 Uhr

Die Ostriga (was übersetzt Auster heißt) liegt ein wenig versteckt in Pomer, doch der Weg ist gut mit Schildern gekennzeichnet. Das Haus strahlt von außen schon Atmosphäre aus. Das Wirtshaus ist mit einer Rosafarbe gestrichen. Über eine überdachte Terrasse betritt der Gast das gemütliche Restaurant. Rund 50 Gäste haben im Inneren des Lokals Platz. Die Tische sind schön gedeckt, die Stoffserviette gehört zum Alltag. Spezialitäten sind Fische und Meeresfrüchte. »Ich habe auch immer fünf, sechs Sorten Muscheln hier.« Gäste, die in Pomer mit ihren Booten vor Anker gehen, lieben die Ostriga. Je nach Saison werden auch Pilze, Spargel etc. aufgekocht. Natürlich wird nicht nur Fisch angeboten, das Team von Darko kocht auch Fleisch – Fuži mit Gulasch beispielsweise.

Fisch in der Salzkruste wird gerne bestellt. Im Winter wird Krabbensalat serviert.

Hausweine und 100 Sorten Weine aus Kroatien, Slowenien, Deutschland, Frankreich, Italien, Chile.

WC: getrennt, klein, sauber, Seife, Papierhandtücher

Fisch in der Salzkruste

Hier handelt es sich um einen Klassiker der Adria-Fischküche. Der Fisch – ein Branzino, eine Orate oder Zahnbrasse – wird in eine feuerfeste Form gelegt und mit einer dicken Salzschichte belegt. Auf einen Kilo Fisch etwa drei Kilo grobes Meersalz nehmen. Ein wenig

Wasser oder Weißwein dazugeben, aber nicht viel. Dann in das Rohr schieben und bei 180 Grad schmoren lassen. Das benötigt im Ofen je nach Größe zwischen 30 Minuten und zwei Stunden (für einen Kilo Fisch muss eine Bratzeit von 40 Minuten eingerechnet werden).

Restaurant Da Giovanni

52100 Pula, Premantura 15 G
TELEFON UND FAX: *(0 52) 57 55 40*
WIRTE: *Familie Lekaj*
Deutsch, Italienisch
GEÖFFNET: *von 8 bis 01 Uhr, Dezember bis Ende März geschlossen*

Angelo, Giovanni, Giorgio, Jonny und Rocky – die Aufzählung dieser Namen kling wie die alphabetische Reihenfolge der Mitglieder einer Gang. So eine lasse ich mir übrigens gefallen: fröhlich, köstlich. Es sind fünf Brüder, die in Premantura ein Fischrestaurant betreiben. Wer in diese südlichste Touristengemeinde Istriens fährt, fällt praktisch in das Lokal hinein. Erst die Ortstafel, dann »Da Giovanni«. Nichts wie hinein.

Auch wenn am Nebentisch ein »Boarischer Stammtisch« samt Tischfahne und Bierkrügen für sehr touristisches Ambiente sorgt, gekocht wird Fisch, nicht Weißwurst. Und das superb. Dafür sorgen die Gattinnen des brüderlichen Quintetts: Muschelplatten mit gekochten und gratinierten Mies-, Jakobs- und Scheidemuscheln. Ein Stück besser als das andere. Branzino auf den Punkt gebraten. Dazu Mangold in Rahm, Petersilienkartoffel, ein leichter Malvasier. Urlauberherz, was willst du mehr! Immer einen Witz auf den Lippen bedienen die Brüder ihre Gäste galant, charmant und mit wohltuender Beratung. Platz ist in erster Linie auf der großen Terrasse unter Arkaden oder ganz im Freien. Für die kältere Jahreszeit ist im Wirtshaus selbst genügend Platz für lukullische Erlebnisse.

WC: getrennt, sauber

Scampi vom Grill

1200 g Scampi (je nach Größe), Olivenöl, Petersilie, Zitrone

Die Scampi waschen (pro Person 300 bis 400 g rechnen), mit Öl gut beträufeln und auf die Grillplatte legen. Beim Anrichten mit Petersilie bestreuen und mit Zitronenscheiben servieren.

Restaurant Hotel Scaletta

52100 Pula, Flavijevska 26
TELEFON: *(0 52) 54 15 99*
FAX: *54 10 25*
E-MAIL: *Krtalicmpu.tel.hr*
www.hotel-scaletta.com
WIRTIN: *Christina Krtalič*
Deutsch, Englisch, Französisch, Italienisch
GEÖFFNET: *ganzjährig, Sonntag Ruhetag (Winter)*

Vom Amphitheater sind es nur wenige Schritte bis zum kleinen, gemütlichen Hotel Scaletta. Benannt nach einer großen Treppe, die direkt neben dem Haus vorbeiführt. 12 Zimmer – zwei Einzelzimmer, zehn Doppelzimmer. Das Haus selbst ist bekannt, hier befand sich eines der berühmtesten Restaurants Istriens. Es hieß »Zagreb Scaletta« – Tito hat hier gerne gegessen. Seit Ostern 1999 hat die Familie Krtalič das Hotel eröffnet samt dem Restaurant, das in einem amerikanischen Führer als »das schönste Haus Kroatiens« bezeichnet wurde. Die Wirtin stammt aus Regensburg, der Gatte aus Herzegowina. Wenn man so will, leben beide jetzt in der Mitte ihrer gemeinsamen Heimat. Die Wirtsleute arbeiten mit Herz. Die Wirtin aus Bayern ist charmant, ihr bayerischer Dialekt schafft zusätzliche Atmosphäre. Tochter Stefanie und Bruder Christoph sind ebenfalls in das Fach der Hotellerie eingestiegen. Stefanie arbeitet im Scarletta – ebenfalls mit Charme.

Fisch, Trüffel, gefüllte, hausgemachte Ravioli (mit Scampi) sind die Spezialitäten. Auch die Steaks sind bekannt. Neu: Gegenüber dem Haus ein Pavillon – ein Restaurant mit Pizzaofen und das Braten unter der Asche nach alter istrianischer Tradition – das allerdings nur nach Vorbestellung.

Die Weinauswahl: Istrien, Slowenien, Kalifornien

Schinken mit Trüffel

400 g Karster Schinken (Pršut), 1/8 l Malvasier, Olivenöl, Pfeffer

Den Schinken in dünne Streifen schneiden und in heißem Olivenöl anbraten, mit Wein ablöschen. Trüffel dünn darüber hobeln und kurz aufkochen lassen. Pfeffern und servieren.

MATOŠEVIĆ
MILLENNIUM ANIMA

Restaurant Milan

52100 Pula, Stoja 4
TELEFON: *(0 52) 21 02 00*
FAX: *21 05 00*
WIRT: *Veljko Matic*
Deutsch, Italienisch
GEÖFFNET: *ganzjährig, Ruhetag Sonntag (nur im Winter)*

Das »Milan« ist ein Kleinod in Pula, eine Insel der Ruhe und der Genüsse. Veljko ist der Chef, kein Zweifel, aber sonst geben hier die Damen den Ton an: Mama Katina, Gattin Loretta und Tochter Daniela. Katina und Schwiegertochter sind in der Küche flott, kreativ und qualitätsvoll unterwegs. Tochter Daniela managt den Service. Das »Milan« liegt auf einer kleinen Anhöhe gegenüber dem Marinefriedhof aus der k.-u.-k.-Zeit. Es ist leicht zu finden: Die Straße entlang des Hafens und der großen Mauer, hinter der sich die Werft verbirgt, entlang fahren. Die Zufahrt ist deutlich mit Hinweisschildern gekennzeichnet.

Das »Milan« verfügt über 12 nette, komfortable Zimmer, im Hotelbereich über einen gemütlichen

Minisalon und vor allem über das Restaurant. Das Restaurant ist vom bekannten Architekten und Designer Edi Basanesse geplant worden. Das Lokal ist stimmig, vornehm und doch nicht überheblich. Es ist luftig, hell und durch das Rauchverbot im Speisesaal kann auch die Atmosphäre als »top« bezeichnet werden. Neben den äußeren Werten entsprechen vor allem die inneren Werte der Küche: Fisch, Muscheln, allerlei Meeresgetier, auch »Meeresfrüchte« genannt, entzücken die Gäste. Ein Kleinod, wie gesagt.

Neu: In einem Zubau wurde eine Vinothek errichtet. Außerordentlich gemütlich und vor allem gut bestückt. Weine aus Istrien – die besten, verständlicherweise – aus Slowenien (alle großen Namen vertreten) und auch Weine aus Frankreich und Italien lagern hier in den Regalen.

WC: außerordentlich sauber und gepflegt

Risotto mit Steinpilzen und Gamberetti

40 dag Rundkornreis, 20 dag Steinpilze, 20 dag Gamberetti, 4 Schalotten, Öl, Olivenöl, klare Rindsuppe, Salz, Pfeffer, Knoblauch, Butter, Weißwein, Petersilie, Parmesankäse

In etwas Butter und Öl (Sonnenblumen) fein gehackte Schalotten anrösten, feinblättrig geschnittene Steinpilze dazugeben, kurz mitrösten und dann den Reis dazugeben. Ebenfalls kurz anrösten und dann erst mit Weißwein ablöschen und immer wieder mit Rindsuppe aufgießen. Ständig rühren, damit sich der Reis nicht am Boden des Topfes ansetzt.

Kurz vor Kochende die Gamberetti dazugeben. Parmesan einrühren, noch etwas Butter dazugeben und einige Minuten ziehen lassen. Mit grüner Petersilie bestreuen und al dente servieren.

Hotel & Restaurant Valsabbion

52100 Pula, Pješčana Uvala IX/26
TELEFON: *(0 52) 21 80 33*
FAX: *22 29 91*
www.valsabbion.com
WIRTIN: *Sonja Peric*
Deutsch, Italienisch, Englisch
GEÖFFNET: *von 12 bis 24 Uhr, kein Ruhetag*

Sonja Peric ist eine Power-Frau. Im ersten Augenblick traut man dieser charmanten, ruhigen und liebenswürdigen Dame nicht zu, das interessanteste und vermutlich wohl internationalste Restaurant Istriens zu besitzen. International, was den Standard, die Gäste und den Bekanntheitsgrad anlangt. Das Valsabbion ist einmal ein Hotel: elegante Zimmer in einem eleganten Haus. Der Gag: Im obersten Stockwerk befindet sich die Schwimmhalle – ein Penthouse. Im Parterre und auf der Terrasse das Restaurant. Originelles Design, modern, färbig, fast ein wenig schräg. Lifestyle. Beim Eintreten schon ein »Aha-Erlebnis«. Das setzt sich dann beim Essen von Gang zu Gang fort. Im Valsabbion wird nicht auf herkömmliche Art serviert. Jedes einzelne Gericht wird zelebriert. Das Couvert, kleine Happen von Meer und Land, wird auf einer Fassdaube serviert. Manche Speisen ziert als Unterlage ein Ziegelstein oder eine Glasplatte. Das Valsabbion ist anders als alle anderen, daher ist Speisen in diesem Restaurant ein Erlebnis für die Augen, den Gaumen und dann auch für das Herz.

Was besonders gefällt: die hervorragende Weinauswahl und die kompetente Bedienung und Beratung durch die Ober und Kellnerinnen. Selbstverständlich werden die

besten Weine Istriens, darüber hinaus Weine aus dem Kvarner, aus Slowenien und natürlich aus Frankreich und Kalifornien angeboten. Ob es das beste Restaurant Istriens ist, wie manche Gastronomieführer behaupten, sei als Beurteilung dem Gast selbst überlassen. Dass es zu den originellsten Restaurants im Bereiche der Oberen Adria zählt, dürfte wohl unumstritten sein. Das Valsabbion ist nicht billig, aber das Preis-Leistungsverhältnis ist korrekt.

WC: dem Haus entsprechend 1a

Scampi-Risotto

600 g ausgelöste Scampi, 400 g Rundkornreis, 1 Zwiebel, Olivenöl, Salz, Pfeffer, Petersilie, Butter, Käse

Die Scampi waschen. Fein gehackte Zwiebel in Öl anschwitzen, Scampi dazugeben, kurz mitrösten, dann den Reis dazuschütten, ebenfalls mitrösten, erst mit Weißwein, dann mit heißem Wasser ablöschen. Den Reis köcheln lassen und immer so viel mit Wasser (oder klarer Gemüsesuppe oder Fischfond) aufgießen, dass der Reis gut quellen kann. Gut umrühren – ständig. Gegen Ende der Garzeit geriebenen Käse (Schafskäse) beimengen. Salzen, pfeffern, grüne Petersilie und ein dickes Stück Butter dazugeben. Umrühren und noch etwas ziehen lassen. Al dente servieren.

Vela Nera

52100 Pula, Pješčana Uvala bb
TELEFON: *(0 52) 21 92 09*
FAX: *21 59 51*
WIRT: *Dušan Černjul*
Deutsch, Italienisch, Englisch
GEÖFFNET: *von 8 bis 24 Uhr, kein Ruhetag*

Direkt in der Marina Veruda – praktisch in Nachbarschaft zum Valsabbion – liegt in einem Pavillon moderner Bauart das Restaurant Vela Nera. »Schwarze Segel«, heißt das ins Deutsche übersetzt. Sicher im Zusammenhang mit den zahlreichen Jachten, die hier vor Anker gehen, hat der Wirt diesen Lokalnamen gewählt. Wenn istrische Publikationen das »Vela Nera« noch im Jahr 2000 als »Senkrechtstarter« bezeichnet haben, so kann ich das nicht nachvollziehen, weil ich diese Gegend hier vorher auch nicht gekannt hatte. Das »Vela Nera« ist jedoch top. Hoch oben würde ich sagen. Das Wirtshaus selbst ist gestylt, sehr modern, leicht extravagant. So ist auch die Küche: Nudeln mit Hummer und Trüffeln. Ausgefallener von den Grundprodukten her gesehen, kann es wohl nicht mehr gehen. Doch nicht nur Fisch, die Küche vermag auch Fleisch in exzellenter Qualität zuzubreiten. Die Weinauswahl entspricht ebenfalls der Qualität des Hauses. Angesichts von Hummer und Trüffel ist bei dieser Auswahl auf die entsprechende Größe der Brieftasche zu achten. Doch nicht alles ist teuer im Vela Nera, das Preis-Leistungsverhältnis ist in Ordnung. Ohne Zweifel. Und beim Hinausgehen verspürt man Lust, bald wieder zu kommen.

WC: ebenfalls top

Schwarzes Risotto

800 g Tintenfisch, 300 g Reis, Olivenöl, Weißwein, 1 Zwiebel Knoblauch, Petersilie, Butter, Käse, Tinte vom Tintenfisch

Zwiebel fein schneiden und in Olivenöl anschwitzen. Etwas Knoblauch, Petersilie und die in Streifen geschnittenen Tintenfische und den Reis dazugeben und mitrösten. Dann die Tinte dazuschütten und mit Weißwein ablöschen. Schließlich mit Wasser immer wieder aufgießen. Der Reis soll köcheln und quellen. Am Ende der Garzeit Butter und Käse untermischen und noch etwas ziehen lassen. Mit Salz und Pfeffer abschmecken.

dm

Von Pula in das Naturparadies Brijuni (Brioni)

Weiter nach Funtana, Rovinj, zum Limski Kanal, nach Vrsar, Poreč, Novigrad, Umag und Savudrija

Slowenien
Richtung Triest
Richtung Triest, Laibach
Savudrija
Bašanija
Zambratija
Vabica
Murine
Sv. Marija na Krasu
N. Stella maris
T. N. Punta
Umag
Kaldanija
Kaštel
Castelvenero
Vilanija
Petrovija
Gamboci
Buje
Merišće
Brda
Momjan
Vrnjak
Marušići
Gomila
Čepić
Šterna
SV. Pelegrin
Šeget
Triban
Finida
Lovrečica
Kršete
Martinčići
Makovci
Kremenje
Radini
Fiorini
Brtonigla
Baredine
Grožnjan
Sv. Lucija
Oprtalj
Livade
Ladin Gaj
Nova Vas
Lozari
Srbani
Dajla
Žudetići
Vranje Selo
T.N. Mareda
Bužinija
Motovun
Sv. Bartol
Novigrad
Cerjani
Rogovići
Kaštelir
Višinada
Ferenci
Baškoti
Brig
Karojba
Tar
Kovači
Labinci
Dvori
Gedići
Štuti
Žužići
Škropeti
Nova Vas
Bačva
Radovani
Poreč
Vranići
Jehnići
Žbandaj
Baderna
Jakovići
Tinjan
Radman
Starići
Dračevac
Zelena laguna
Begi
Sv. Lovreč
Monfardini
Sv. Petar
Fontana
Flengi
Marasi
Stranići
Selina
Radetići
Gradina
Vrsar
Koversada
Limski Kanal
Krstar
Valata
Limski Kanal
Buban
Brajkovići
Kurili
Kanfanar
Borik
Rovinjsko Selo
Rovinj
Smoljanci
Golaš
Bale
Valle
Negrin
Mednjan
Barbariga
Mandriol
Golubovo
Peroj
GAZ
MALI BRIJUNI
Fažana
Brijuni
Šurida
Vodnjan
PULA
Šikići
Šišan
Grabovići
Vinkuran
VERUDA
Banjole
Pomer
Ližnjan
Medulin
Premantura
Rt. Kamenjak
Loborika
Radeki
Muntić
Valtura
Kavran
Ušićevi Dvori
Jelovice
Vodice
Dane
Brest
Kropinjak
Slum
Škuljari
Štrped
Žonti
Buzet
Sv. Martin
Gor. Nugla
Zrenj
Selca
Roč
Čiritež
Žnjidarići
Sovinjak
Forčići
Sovinjska Brda
Vrh
Klarići
Račice
Kruševari
Bartolići
Senj
Hum
Zamask
Dragué
Grimalda
Grižani
Kašćerga
Grdoselo
Cerovlje
Novaki Pazinski
Tviž
Brajkovići
Vela Traba
Beram
PAZIN
Bertoši
Pulići
Publić
Bazgalji
Čubanići
Zabrežani
Žminj
Žagrići
Tomišići
Gradišće
Balić
Svetvinčenat
Peteh
Orihi
Grandići
Melnica
Koromani
Barban
Želiski
Puntera
Režanci
Bičići
Glavan
Manjadvorci
Hreljići
Orbanići
Divšići
Čelija
Pinezići
Rebići
Rakalj
Krnica
Krnička Luka
Peruški
Šegotići
Male Mune
Račja Vas
Žejane
Pasnjak
Šapjane
Rupa
Veli Brgud
Perka
Ružići
Lanišće
Zvoneće
Mučići
Ročko Polje
Brgudac
Kučeli
Lupoglav
Rukavac
Opatija
Dolenja Vas
Veprinac
Lesiščina
Poljane
Vranja
Borut
Paz
Lovran
Tuliševica
Medveja
Gologorica
Kontuši
Kraj
Šušnjevica
Golgoročki dol
Mošćenička Draga
Kostrčani
Mošćenice
Gračišće
Jelena
Zajci
Golovik
Martina
Brseč
Šumber
Boljevići
Kršan
Vozilići
Eržišće
Sv. Nedelja
Plomin
Plomin-Luka
Sv. Martin
Marići
Veli Golji
Krapan
Labin
Rabac
Raša
Most-Raša
Brgod
Duca Luka
Polje
Sv. Marina
Trget
Stanišovi
Peršići
Drenje
Vlakovići
Viškovići
Skvaranska
Brovinje
Koromačno

Pula, das kennen wir aus der Reise Nummer zwei, ist nicht nur die größte und attraktivste Stadt Istriens, sie ist kulinarisch die bedeutendste. Die besten Restaurants des Landes drängeln sich in dieser 80.000 Einwohner zählenden Hafenstadt. Nur einige wenige haben wir ausgewählt, aber sie sollen Anleitung für eigene Entdeckungen sein.

Was in Pula nicht versäumt werden darf: der Besuch des k.-u.-k.-Marinefriedhofs (vom Hafen Richtung Süden und den Schildern folgen, liegt direkt neben dem Nobelrestaurant Milan), der Besuch des Hafens und des Amphitheaters.

Naturparadies für gekrönte und ungekrönte Häupter

Wer Pula besucht hat, sollte es nicht verlassen, ohne zuvor Brioni erlebt zu haben. Die ehemalige Tito-Insel, die älteren Zeitgenossen lediglich aus den Nachrichten über Ex-Jugoslawien bekannt war, hat sich zu einem sehenswerten Naturparadies entwickelt. Von Fažana oder von Pula aus ist Brioni mit dem Ausflugsboot rasch erreichbar. Die Hauptinsel Brioni oder Brijuni, wie sie auf kroatisch genannt wird, liegt rund drei Kilometer vom Festland entfernt. Gesamt-Brioni umfasst 14 Inseln im Ausmaß von 736 Hektar. Es ist schon eine besondere Welt, die den Besucher hier erwartet.

Einst haben gekrönte Häupter – wie beispielsweise Kaiser Wilhelm II. und der sächsische König Friedrich August –, Mitglieder der Aristokratie, später Jugoslawiens Staatschef Tito und seine Staatsgäste hier Urlaub erleben dürfen. 1983 ist Brioni zum Nationalpark erklärt worden, wobei der Tourismus in den Park mit einbezogen wurde. Davon geben große Hotels und Villen mit rund 300 Gästebetten ein Zeugnis ab. Die Hauptinsel Veli Brijuni beherbergt einen zoologischen Garten, den der Hamburger Carl Hagenbeck 1912 angelegt hatte. Elefanten, Lamas, Antilopen, Zebras, Wisente und viele andere sogenannte »Wildtiere« leben in einem eingezäunten Safaripark.

Lange vor Josip Broz Tito hatte die Inselwelt Brioni bereits ihren Reiz auf Touristen ausgeübt. In den Jahren vor dem Ersten Weltkrieg erlebte die Inselwelt als Urlaubsparadies den ersten Höhepunkt. Im Zweiten Weltkrieg stark bom-

bardiert, wurde Brioni über Initiative von Tito wieder aufgebaut. Seit 1985 ist das Paradies für Touristen geöffnet. Nicht nur wegen der verträumten Buchten, dem Safaripark und den 680 verschiedenen Pflanzen- sowie 150 Vogel-Arten, sondern auch wegen eines Olivenbaums.

Der ist nicht nur von respektabler Größe, sondern auch von hohem Alter gezeichnet: Der Ölbaum ist 1600 Jahre alt – und trägt noch immer Früchte.

Rovinj – eine Perle der Adria

Der Weg ist nicht allzu weit. Von Pola oder Pula aus empfehle ich erst einmal, Fažana zu besuchen. Dieses reizende Städtchen direkt gegenüber von Veli Brijuni. Ein kleiner Spaziergang und dann weiter. Aber bitte nicht auf die Hauptstraße in Richtung Vodnjan (siehe Reise Nummer vier), sondern die kleinen Straßen entlang der Küste über Peroj nach Barbariga und Sv. Jakob. Hier verlassen wir die Küste, um nach Bale zu fahren. Einer der reizendsten Orte im südlichen Teil von Istrien. Für Bale muss ein wenig Zeit eingeplant werden. Der Marsch durch die engen Gässchen dieser mittelalterlichen Stadt – besser gesagt »Dorf« – rechtfertigt den Stopp allemal. Rund um Bale gibt es Olivenhaine, Obstgärten, etwas Weinbau, Felder, Gärten – meist umzäunt von Steinmauern, die vor Wind und Verkarstung schützen sollen. Von Bale sind es dann wirklich nur mehr einige Minuten bis zur Perle der Adria, die in Istrien »Rovinj« heißt. Die Adria besitzt ja glücklicherweise gleich mehrere Perlen dieser Art.

Rovinj ist nicht nur alt und sehenswürdig, sondern auch mondän. Soweit dieser Ausdruck für Istrien überhaupt verwendet werden kann. Zumindest im August, wenn die erlebnishungrigen italienischen Touristen in diese Stadt einziehen, erhält sie das Flair einer Stadt an der Côte d'Azur. Doch seinen uralten Charme entwickelt Rovinj dann am größten, wenn die Urlauber längst schon wieder daheim sind: Herbst und Frühjahr. Die Römer, die, wie wir in der Zwischenzeit wissen, als Genießer in jeder Richtung einen ausgeprägten Geist und Sinn besaßen, haben in dieser Gegend Sommerhäuser gebaut. Rovinj lag damals auf einer Insel, die erst im 18. Jahrhundert mit dem Festland verbunden wurde. Bilderbuchstadt – sie gibt unendlich viele Fotomotive her, sie wurde und wird unendlich oft als Aquarell, Ölgemälde oder Grafik dargestellt. Sie zieht Künstler an und solche, die so viel zeichnen können, um »ihr« Rovinj in einem der zahlreichen Ateliers in der Altstadt an den Tourist zu bringen, sie zieht Seeleute, Verliebte und Einsame ebenso an, wie Scharen von Urlaubern und Tagestouristen.

Im Jahre 800 hat dieses Rovinj seine Anziehungskraft in eher mysteriöser Weise bekundet: Damals wurde ein marmorner Sarkophag angeschwemmt. Und wie staunten die religiösen Menschen damals, als es sich herausstellte, im steinernen Sarg befinden sich die Gebeine der heiligen Euphemia. Eine christliche Märtyrerin aus Kalzedonien. Natürlich haben die Wissenschafter und Theologen gerätselt, welche Umstände diesen Sarkophag wohl an gerade diese Küste getrieben haben? Der Mythos blieb und er tut der Stadt gut. Eine kupferne Statue der Heiligen steht auf dem venezianischen Campanile à la San Marco der sonst barocken Kirche.

Sie dreht sich, wie der Wind weht. Was in diesem Fall auch nicht negativ zu bewerten ist, zeigt sie doch den Seeleuten, woher der Wind weht. Das mit den Seeleuten hat Rovinj an der Adria berühmt gemacht. Die Seemänner aus dieser Stadt waren nämlich nicht nur Experten, die sich in der Lagune von Venedig gut auskannten, sie wurden früher auch als Lotsen durch die Kanäle des Po-Deltas angefordert. Dass die Seeleute aus Rovinj immer gute Fischer waren, versteht sich.

Und ein Spaziergang durch den Hafen zeigt, dass die Zahl der Seeleute nicht geringer wurde. Nur die Größe der Schiffe hat sich verringert, was darauf schließen lässt, dass das Geschäft mit dem Fischfang nicht mehr so ein Geschäft sein kann.

In den vielen Gasthäusern von Rovinj ist jedoch der Fisch die Nummer eins auf den Speisekarten. Wo immer er auch herkommen mag (vor allem im Sommer).

Rovinj ist zu erleben – jedes dieser bezaubernden Gässchen der Altstadt, jeder kleine Platz, jede Stiege, die steil hinaufführt auf den Berg hin zur alles überragenden Kirche der Heiligen Euphemia. Rovinj ist, wie schon erzählt, eine Stadt, deren Kern auf einem Hügel errichtet wurde. Die Ufer sind befestigt, und vor allem an der Nordseite klatschen die Wellen der Adria nicht auf die Molen, sondern auf die Fundamente der Häuser.

Die Inselwelt um Rovinj

Kulturell hat Rovinj viel zu bieten: Die barocke Kirche, der venezianische Campanile, viele Bauten aus Barock und Renaissance, die Kapelle der Heiligen Dreifaltigkeit aus dem 13. Jahrhundert (die liegt am Festland), das Franziskanerkloster, Museen, Galerien. Und wer des Abends durch die Stadt bummelt, hört vielleicht sogar Bitinada-Gesänge. Das Liedgut der Rovinjer.

Rovinj ist aber auch bekannt wegen seiner Inselwelt. Berühmt sind die Rote Insel und die Insel Katarina, die von einem Adeligen der österreichisch-ungarischen Monarchie, Graf Karol von Milewski, vor mehr als hundert Jahren erworben wurde. Der Graf, der in Litauen geboren worden war, soll sagenhaft reich und ein Exzentriker gewesen sein. Er ließ die verkarstete Insel begrünen und in einen prachtvollen Garten umwandeln. Dort ließ er auch eine Gästeresidenz erbauen. Nicht nur aus Marotte, sondern auch aus Ehrgeiz. Denn auf der sogenannten Roten Insel hatte der Besitzer, Baron Hütterott, ebenfalls einen Garten anlegen lassen. Milewskis oder Hütterotts Garten – wer war der prächtigere?

Eines ist gewiss: Die Rote Insel ist heute ein Urlaubs- und Badeparadies und die Katarineninsel hat sich dank der Initiative des Salzburger Hoteliers Dr. Wilfried Holleis zu einer der schönsten Ferieninseln Istriens verwandelt.

Romantik pur

Rovinj ist ein Städtchen für Romantiker. Im Sommer an der Valentino-Bar auf Steinen direkt am Wasser sitzen und einen Cocktail oder ein gutes Glas istrianischen Rotwein schlürfen, durch die Via Svalba an die Westseite der Insel spazieren, in eine der kleinen Bars entlang der Grisia (jene steile Gasse, die vom Hafen hinauf zur Kirche Euphemia führt und teilweise nur über Stiegen begehbar ist) einkehren – das ist schon was. Schön für Romantiker ist Rovinj außerhalb der Hauptreisezeit, wenn sich die Stadt leichter teilen lässt: hier die Einwohner, dort die paar Touristen. Da ist auch das Essen besser – unter Garantie (wiewohl die besten Restaurants auch im Trubel der Sommerzeit respektable Qualitäten anbieten).

Die Wikinger und der Fjord

»Ich bin im Limski Fjord«, rief Fotograf Ferdinand Neumüller ins Handy, als ihn ein Freund aus Österreich anrief. »Was machst du denn in Norwegen?« antwortete erstaunt der Anrufer.

Ein Fjord in Istrien? Nun, der Fjord heißt hier korrekt »Kanal«, hat aber die Form und das Aussehen eines Fjords. Wieder eine Laune der Natur: Der Fluss Lim, der im Mittelgebirge zwischen Beram und Kascerga entspringt, mündete zwischen Rovinj und Vrsar ins Meer. Irgendwann einmal hat sich das Meer neun Kilometer lang in den Canyon ergossen und daraus den Fjord gebildet. Mit Norwegen hat der Limski Kanal nur am Rande etwas zu tun: Vor Jahren ist hier ein Wikinger Film gedreht worden. Ach ja, und Szenen aus dem Winnetou-Film »Der Schatz im Silbersee« stammen ebenfalls aus dem

Limski. Den Menschen unserer Tage ist der Kanal als anderes Schatzkisterl bekannt: Im Limski Kanal werden Austern, Hummer und herrliche Muscheln gezüchtet. Vor allem die Auster erreicht in diesem Wasser eine Qualität, für die es sich lohnt, direkt an die Quelle der köstlichen Verführung zu reisen.

Vom Limski in die Küstenstädte Vrsar, Poreč und Umag

Nördlich des Limski beginnt das Kerngebiet der Ferienindustrie von Istrien. Zwischen Vrsar und Savudrija breiten sich in zahlreichen Buchten und auf vielen Halbinseln große Hotelanlagen und vor allem Campingplätze aus. Zum Teil ist es gelungen, die schon in der Kommunistenära auf Massentourismus ausgelegten Hotelanlagen zu privatisieren und vor allem zu modernisieren. So manche Ferienanlage wartet jedoch noch immer auf den Kuss eines reichen Prinzen, um in Schönheit dem Dornröschenschlaf zu entspringen. Doch auch Ferienwohnungen minderer Qualität finden zumindest in einigen Wochen des Juli und August Urlauber. Die Zeit wird auch hier positive Akzente bringen. Vrsar ist ähnlich Rovinj eine Stadt, die, so scheint es, auf einen Hügel geklebt wurde. Was auffällt: Gute städtebauliche Akzente sind durch Promenadenwege, bessere Straßen und so weiter gesetzt worden.

Gegenüber von Vrsar drängeln sich jedoch Häuserfluchten, die Ferienwohnungen zum Kauf oder zur Miete anbieten. Von städtebaulichem Konzept keine Rede – ein Phänomen, das in Istrien mehrfach »erprobt« wurde.

Vrsar war baulich schon einmal interessant: Die Venezianer ließen sich aus der Umgebung von Vrsar Marmor bringen. Er war begehrtes Baumaterial für die Palazzi in Venezia. Wie überhaupt gesagt werden muss, dass der Einfluss Venedigs auf Istrien ein eher einseitiger war: Die Eichenwälder wurden gerodet, um Pfähle, die Steinbrüche abgetragen, um Marmor für die Paläste Venedigs zu gewinnen. Vor den Venezianern plünderten aber auch schon die Römer recht kräftig in den Steinbrüchen der Halbinsel.

Von Vrsar über Funtana führt die Küstenstraße direkt nach Poreč. Ich empfehle jedoch, einen Abstecher in Richtung Flengi zu unternehmen. Dabei sollte unbedingt größerer Hunger mitgenommen werden. Flengi hat sich zur »Jausenstation« zwischen Poreč und Vrsar herausgemausert. Dort werden in zahlreichen Konobas frisch gegrillte Spanferkel zum Speisen angeboten. Natürlich auch andere istrische Spezialitäten wie Schinken, Würste, Ombolo und Fuži. Einkehren, wo man will, wir waren bei Laura und nach dem Mahl sehr zufrieden.

Weltkulturerbe Poreč

Die Flaniermeile durch die Altstadt ist römischer Herkunft und etwa 2000 Jahre alt. Damals hatten im heutigen Poreč die Römer ein Castrum – eine Festung – errichtet. In Poreč ist alles zu sehen, was einmal Einfluss auf die Stadt hatte: Römer, Venezianer, Habsburger.

Das Kleinod der Stadt ist jedoch die Euphrasius-Basilika. Der frühmittelalterliche Bau beherbergt byzantinische Mosaike von unbeschreiblicher Schönheit. Halbedelsteine, Edelsteine, Perlmutt und Gold – Steinchen für Steinchen zusammengesetzt zu überirdischem

ANGELO D'OR

Glanz. Wenn die Sonne auf die Mosaike fällt, scheint es, als ob sich das Gold verflüssigen würde. Die UNESCO hat die Basilika mit ihren Mosaiken in die Liste der Weltkulturerbstätten aufgenommen.

Poreč ist nicht so romantisch wie Rovinj, sie ist eher die heitere Stadt. Nicht die Kunst, das Souvenir und die Geselligkeit stehen im Mittelpunkt des Treibens in der Innenstadt.

Von Poreč in das Landesinnere hinein erstrecken sich Olivenhaine. Hier ist Istriens größter Olivenölproduzent »Laguna« zu Hause. Die Öle sind von bester Qualität – auch international verglichen.

Die versunkene Stadt und die Stadt der Tenniscracks

Von Poreč führt die Küstenstraße zuerst nach Novigrad. Ein Fischer- und Touristendorf. Neustadt – wo aber ist die Altstadt? Angeblich in der Antike im Meer versunken. Dass so manche Einheimische bei besonders ruhiger See die versunkene Stadt spiegeln sehen, dürfte eher mit Malvasier oder Teran zu tun haben. Beide Weine haben in der Nähe der Stadt recht gute Rieden zum Wachsen.

In Novigrad finden im August Jazz- und Soulabende statt. Genauso ein Tipp wie jener, doch die Krypta der Pelagius-Basilika zu besichtigen. Sie ist ein spätromanisches Kunstwerk.

Noch ein paar Kilometer weiter nach Norden beginnt die Zone der Tenniscracks: Umag. Die Ferienanlagen, die Hotels und der Tourismusverband haben vor allem im Frühjahr eine Art zweite Hochsaison ins Leben gerufen: der Lockruf an die Tennisspieler. Sie kommen in Gruppen, in Mannschaften, kurz und gut in Scharen. Die Infrastruktur, die ihnen hier geboten wird, ist optimal. Und im Frühjahr sind Tennisspieler ja bereits hungrig danach, die Hallen verlassen zu können, um im Freien die paar Meter nach rechts, links, vorne und hinten zu hecheln. Schön ist's allemal (hört man zumindest).

Dass aber auch die Profis Umag schön finden, zeigt das jährliche ATP-Turnier, das in der Tennisarena von Umag abgehalten wird.

Savudrija ist schließlich die am nördlichsten gelegene Ferienwelt Istriens. Das Dorf besitzt auch die kürzeste Weinstraße des Landes. Sie ist knapp über zehn Meter lang und führt direkt in das Weingut von Moreno Degrassi.

Von Savudrija aus ist die Grenze nach Slowenien bald erreicht. Entweder über Buje und Kaštel führt die Straße nach Koper oder über Mlini nach Portorož.

Wir besuchen:

Matohanci, Kanfanar
Restaurant Viking, Limski Kanal
Konoba Veli Jože, Rovinj
Restaurant Amfora, Rovinj
Nature, Rovinj
Angelo d'Oro, Rovinj
Enoteca Al Castaldo, Rovinj
Restoran Monte, Rovinj
Paradies Hotelinsel Katarina, Rovinj
Konoba Petra, Vrsar
Restaurant Kod Ilva, Vrsar
Barba Čizo, Funtana
Konoba More, Funtana
Restaurant Barilla, Poreč
Restoran Ilona, Poreč
Grill Restaurant Dvi Murve, Poreč
Restaurant Marina, Poreč
Konoba Damir e Ornela, Novigrad
Restaurant Mandrač, Novigrad
Weingut Moreno Coronica, Koreniki
Restaurant Tropicana, Umag
Weingut Moreno Degrassi, Savudrija
Konoba Buščina, Marija na Krasu
Restaurant Allegro, Umag

Matohanci

52352 Kanfanar, Matohanci 16
TELEFON UND FAX: *(0 52) 84 83 94*
WIRTE: *Giliana und Nevio Matohanca*
Deutsch, Englisch, Italienisch, Slowenisch
GEÖFFNET: *gegen Voranmeldung*

Der Bauernhof duftete nach frischem Brot: Als wir bei Giliana ankamen, da buk in heißer Asche das Brot für jene Gäste, die sich zum Abendessen angesagt hatten. Der Bauernhof Matohanci ist eine Art Geheimtipp unter den Istrianern. 50 Kilometer weiter, im Bauernhof Percan, hat uns Maja auf dieses wirtliche Haus aufmerksam gemacht. Eine nette Familie, die zusammenhält und sich gegenseitig an die Hand geht, wenn Gäste zu bewirten sind: Giliana (beinahe perfekt in der deutschen Sprache) in der Küche, Nevio an der Bar und Tochter Gloria (sie spricht mehrere Sprachen) hilft im Service. Haushund Benno ist das Maskottchen der Familie und innerhalb kürzester Zeit auch aller Gäste. Ein gemütlicher Degustations- bzw. Speiseraum bietet Platz für rund 50 Personen, im kleinen Garten vor dem Haus stehen noch einmal 20 Plätze zur Verfügung. Was gekocht wird, kommt meist von der eigenen Landwirtschaft – außer die Steinpilze, die Giliana für das Abendessen sautierte: »Die kommen aus den Wäldern der Umgebung.« Erste Qualität übrigens. Wein und Schnaps sind ebenfalls »hausgemacht«. Gekocht wird bodenständig: Gnocchi, Fuži, Braten, Brot.

WC: getrennt, sauber

Rindsragout mit Steinpilzsoße

1 kg Rindfleisch, 500 g Steinpilze, 1 große Zwiebel, Öl, Salz, Pfeffer

In heißem Öl die fein gehackte Zwiebel anschwitzen, dann das in grobe Stücke geschnittene Rindfleisch (Schulter) dazugeben und mitrösten. Nach etwa einer halben Stunde die in Streifen geschnittenen Steinpilze beimischen und alles noch einmal eine halbe Stunde dünsten lassen. Mit Salz, Pfeffer und Kräutern nach Geschmack würzen.

Restaurant Viking

52210 Rovinj, Limski Kanal
TELEFON: *(0 52) 44 82 23*
E-MAIL: *viking@pu.tel.hr*
WIRTE: *Direktor Willi Matosivić*
Italienisch, Englisch, Deutsch
GEÖFFNET: *kein Ruhetag, ab 6. Jänner bis Ende Feber geschlossen*

Der Limski Fjord oder »kanal«, wie er in Istrien genannt wird, wird von Touristen bestaunt wie ein Weltwunder. Tausende fahren im Sommer von Rovinj oder Vrsar aus mit Ausflugsbooten durch den Kanal, der unter besonderem Schutz steht. Am Ende des Kanals – von der Adria aus gesehen – legen die Boote an und dort kommen auch die Touristen, die mit dem Auto unterwegs sind, zum Fjord. Hier haben sich zwei Restaurant etabliert. »Lim Fjord« und »Viking«. Letzteres gehört zu den besten Wirtshäusern des Landes.

SCHLIWOWITZ 50KN
GRAPPA 50KN
JULISCHKA 40KN

BIERGARTEN
VOM GRILL SCHWEINE SCHLEGEL
LAMM-SPANFERKEL
ISTRA-SPEZIALITÄTEN
FLEISCH
FISCHE
TAGES MENÜ

Ganz klar, dass außerhalb der Sommersaison die Auster hier eine besondere Rolle spielt. Natürlich werden auch im Sommer Muscheln angeboten, doch die beste Zeit für die Auster spielt sich in den Spätherbst-, Winter- und Frühjahrsmonaten ab. Das Restaurant verfügt über ein großes, gemütliches Gastzimmer, über einen schönen Speisesaal sowie über eine große Terrasse, von wo aus der Blick auf den Fjord bzw. auf den kleinen Hafen des Kanals besonders gut ist. Die Küche versteht sich auch auf die Zubereitung von Fleisch sehr gut. Das flambierte Beefsteak ist ein Klassiker im Restaurant. Die Weinauswahl ist enorm: Neben den besten Weinen Istriens werden auch Top-Weine aus Slowenien angeboten. Hier vor allem aus der Goriska Brda.

WC: sauberst, getrennt

Capelunghe

Diese länglichen Muscheln werden auch Scheidemuscheln genannt. Auf den Fischmärkten von Istrien werden sie vor allem im Frühjahr angeboten.

Die Muscheln gut waschen, damit der Sand ausgeschwemmt wird. Dann entweder in einem Sud aus Fischfond, Weißwein und grüner Petersilie sowie etwas Knoblauch dünsten oder in Olivenöl braten.

Konoba Veli Jože

52210 Rovinj, Ul. Svetog križa 3
TELEFON: *(0 52) 81 63 37*
WIRT: *Ivan Šverko*
Italienisch, Deutsch
GEÖFFNET: *von 11 bis 24 Uhr, kein Ruhetag, Jänner & Feber geschlossen*

Als Ivan vor einigen Jahren mit seiner Konoba begann, da staunten die Menschen in Rovinj über die Dekoration im Lokal: Ein Sammelsurium von Kuriositäten hängt von der Decke oder ist an einer der Wände angebracht. Vom Saxophon bis zum Pferdekumet. Ivan ist mit Leib und Seele Gastronom, und so mancher Stammkunde bringt ein kleines Dekostück mit, das dann fürderhin an der Wand hängt. Ein wirklich stimmiges und gemütliches Lokal. Man muss nicht extra zum Essen kommen, sondern kann sich einfach an einem der großen Tische zu den anderen Gästen hinzusetzen. Die Konoba eignet sich nämlich als Treffpunkt und Kommunikationslokal. In erster Linie gibt es Meeresfrüchte und Fisch auf der Speisekarte. Die Weine sind istrianisch – offene Weine und Qualitätsweine in der Flasche.

WC: klein, sauber

Tagliatelle mit Vongole

Bandnudeln, 500 g Vongole (kleine Muscheln), Weißwein, Olivenöl, Zwiebel, Petersilie

Die Nudeln al dente kochen. In der Zwischenzeit in Olivenöl fein gehackte Zwiebel anschwitzen, die Vongole beifügen und kurz mitrösten lassen. Dann mit Weißwein ablöschen und mit Petersilie, Salz und Pfeffer würzen, einige Minuten köcheln lassen, bis die Muscheln alle aufgesprungen sind. Die gekochten und abgeschwemmten Tagliatelle beimischen, gut durchschwenken und servieren.

Restaurant Amfora

52210 Rovinj, A. Rismondo 23
TELEFON: *(0 52) 81 55 25*
FAX: *81 60 96*
WIRT: *Mario Bertetić*
Deutsch, Italienisch
GEÖFFNET: *von 11 bis 23 Uhr, Montag Ruhetag*

Am Hafen von Rovinj reiht sich ein Fischlokal an das andere. Ich habe das Amfora ausgewählt – es liegt in Richtung Tabakfabrik als letztes in der Reihe der Hafen-Wirtshäuser. Eine kleine Terrasse, ein großer Speiseraum, alles in Rot gehalten, sauber gedeckte Tische. Das Lokal hat etwas an sich, das spürt man, obschon es nicht den Anspruch erhebt, eines der großen der Landes zu sein. Aber rein touristisch ist es auch nicht. Soweit zum Äußeren.

Die Werte des Wirtshauses liegen ohne Zweifel im Inneren: in der Qualität der Fischküche (selbstverständlich werden auch Fleischspeisen aufgekocht). Fisch kommt frisch und wird direkt von den Fischern gekauft. Sie legen ja praktisch vor dem Lokal ihre Boote an.

Die Bedienung, alles fesche Damen, ist zuvorkommend und freundlich. Viele Gäste sind Italiener, an ihren Geschmack lehnt sich die Küche auch an.

Spezialität Tagliatelle maremonti. Eine Kombination mit Pilzen und Meeresfrüchten.

WC: getrennt, sauber

Gebratene Sardinen

1000 g Sardinen (geputzt), Olivenöl, schwarze und grüne Oliven (je vier Stück), Petersilie, Salz, Pfeffer, Knoblauch

Die Sardinen entgräten (das Rückgrat lässt sich gut herausziehen) und in eine feuerfeste Form nebeneinander legen. Gehackte Oliven und Knoblauch darüber streuen. Olivenöl übergießen und im vorgeheizten Rohr braten.

Nature

52210 Rovinj, Grisia 18
TELEFON: *(0 91) 79 44 691*
INHABERIN: *Mina Puskarić*
Deutsch, Italienisch, Englisch
GEÖFFNET: *Juni bis Oktober von 9 bis 24 Uhr, im Winter von 9 bis 20 Uhr*

In der Künstlerstraße der Altstadt von Rovinj hat die engagierte ehemalige Tourismusmanagerin Mina einen Laden eröffnet, in dem die Spezialitäten Istriens verkauft werden: Die wichtigsten Weine – vor allem Neuentdeckungen junger Winzer – Grappe, Liköre, Honig, Oliven, Olivenöle und istrianische Trüffelprodukte von Zigante.

Hotel Angelo d'Oro

52210 Rovinj, Via Svalba 38–42
TELEFON: *(0 52) 84 05 02*
FAX: *84 01 11*
www.rovinj.at
E-MAIL: *hotel.angelo@aon.at*
EIGENTÜMER: *Dieter Killinger, Erwin Fink*
Deutsch, Italienisch, Englisch
GEÖFFNET: *täglich, Betriebsferien von Anfang Jänner bis Ende Feber*

Dem Architektenduo Killinger/Fink aus Graz verdankt Istrien sein erstes 5-Sterne-Hotel. Die beiden Grazer, die von Kindheit an im Raume Rovinj Ferienzeit verbracht und sich in dieses Land verliebt hatten, haben mit viel Mut und Ideen aus dem alten, halb verfallenen Bischofspalais von Rovinj ein romantisches Schmuckkästchen für Gäste, die sich verwöhnen lassen wollen, geschaffen. Man ist als Gast überrascht von der Freundlichkeit der Mitarbeiter, von den kleinen, lieben Dingen, die dem Haus ein besonderes Flair geben. »Wir haben die Bilder, die Möbelstücke, die Teppiche usw. im Laufe der Jahre zusammengesammelt«, erzählen die Architekten, die zu Recht auf ihr gelungenes Werk stolz sein können.

Das Hotel liegt in der Altstadt und ist über den Markt zu erreichen. Parkplätze sind Mangelware, und im Hochsommer führt das Hotel von einem eigenen Parkplatz am Rande der Stadt dann einen Shutteldienst mit einem Kleinbus. Das Hotel ist kein Ferienhotel im klassischen Sinne, weil trotz Meeresblick aus vielen Zimmern in dieser Gegend kein eigener Strand vorhanden ist. Wer in der Adria baden möchte, der muss einige Schritte in Kauf nehmen. Das Haus bietet jedoch Sauna, Solarium, Dampfdusche und Whirlpool an. Ein Gedicht ist der kleine Garten hinter dem Haus, wo im Sommer auch das Frühstück serviert wird. Das Haus ist ein nobler Ruhepool für jene, die es in diese herrliche Stadt zieht, um zu genießen.

Beispielsweise die Küche der jungen Dora. Die Küchenchefin ver-

D'ARTE
GRISIA 10.

ATELIER

sucht, aus Großmutters istrischem Rezeptschatz feine, der heutigen Zeit angepasste Speisen zu kochen. Sie macht das engagiert und mit Können. Daher ist das Restaurant in diesem Hotel auch für Gäste zu empfehlen, die nicht im Hause wohnen, aber fein speisen möchten. Der Speisesaal (für rund 40 Personen) ist gemütlich ausgestattet. Im Zentrum der goldene Engel, das Wahrzeichen des Hotels. Neben dem Speisesaal ein kleiner Weinkeller: Weine aus Frankreich, Italien, Österreich und Istrien werden angeboten.

WC: bestens, der Qualität des Hauses angepasst

Branzinfilets mit gegrilltem Gemüse

4 Filets vom Branzino, Olivenöl, 1 Zucchini, 500 g Kartoffeln, 1 Tomate, 1 kleine Melanzani, Salz, Pfeffer

Die Fischfilets sorgfältig entgräten, den Fisch salzen, pfeffern und in Olivenöl braten oder auf den Grill legen. Das Gemüse in Scheiben schneiden, auf den Griller legen und leicht grillen. Die Kartoffeln schälen, in grobe Würfel schneiden und in Salzwasser kochen.

Auf Teller Fischfilets und das Gemüse anrichten, mit gutem Olivenöl ein wenig übergießen und mit einem guten Weißwein, beispielsweise Malvasier, servieren.

Istrianische Krapfen

12 EL Mehl, 4 EL Zucker, 1 Joghurt, ein halbes Packerl Backpulver, 2 Eier, Grappa, Öl

Diese Süßspeise ist ein Klassiker in Istrien und stammt aus der altösterreichischen Küche der Monarchie. In Österreich wird diese Speise »gebackene Mäuse« genannt.

Alle Zutaten zu einem dickflüssigen, fast zähen Teig rühren. Mit zwei Esslöffeln Nockerln stechen und diese in heißem Öl herausbacken.

Dazu eine Vanillesoße oder eine Soße aus Früchten servieren.

Enoteca Al Castaldo

52210 Rovinj, Iza Kaserne 14
TELEFON: *(0 52) 81 41 09*
WIRTIN: *Mira Borojevic*
Italienisch, Deutsch, Englisch
GEÖFFNET: *von 12 bis 15 und von 18 bis 24 Uhr, kein Ruhetag*

Ein Plätzchen wie aus dem Bilderbuch: In der Altstadt von Rovinj, ein paar Schritte hinter dem Rathaus, ein winziges Seitengässchen, das unwillkürlich in einem gemütlichen Beisl endet. Die Enoteca Al Castaldo, mehr Wohnzimmer als Lokal. In einem 800 Jahre alten Haus, in dem einst ein römischer Notar seine Kanzlei betrieb. Mira hat das Haus gekauft und daraus die Enoteca gestaltet. Demnächst sollen im Haus auch einige Appartements entstehen.

Die Wirtin stammt aus Zagreb und ist Quereinsteigerin, gelernt hat sie die Wirtschaftswissenschaft, aber das Herz gehört dem Wirteberuf. Sympathisch und mit Kompetenz berät sie ihre Gäste. Gekocht werden nur die besten Grundprodukte: Steak so dick, wie Steaks sein sollen. Das Fleisch von ausgesuchter Qualität. Fisch direkt nach dem Fang frisch auf den Tisch. Die feinsten Weine der Region Istrien – das versteht sich von selbst. Auch die Musik aus dem Lautsprecher entspricht der Stimmung des Lokals: Caruso & Co. Meine Meinung: »Im Angelo d'Oro wohnen und hier einkehren – gibt es etwas Schöneres …«

WC: nicht getrennt, sehr klein, sauber, italienisch

UNION
RESTAURANT
SIRENA
DELFIN
GRILL
P
PIZZA
GOSTIONICA
TUBORG
BEER
Promenada
delfin
ARIANA

KRALJEV MED
LIPA
KESTEN
VRIJESAK

Jakobsmuscheln gratiniert

3–4 Jakobsmuscheln (Capesante, Achtung: teuer) pro Person, Parmesan, Brösel, Petersilie, Olivenöl, Malvasier, Salz, Pfeffer

Meist erhält man die Muscheln bereits geöffnet und zugeputzt. Das Fleisch liegt in einer großen Muschelschale. Etwas Brösel, Parmesan, Salz und Pfeffer über das Fleisch streuen. Mit Olivenöl und ein wenig Wein beträufeln und im Rohr überbacken.

Restoran Monte

52210 Rovinj, Montalbano 75
TELEFON: *(0 52) 83 02 03*
Deutsch, Italienisch, Englisch
GEÖFFNET: *von 11 bis 24 Uhr, kein Ruhetag, November bis Mai geschlossen*

Hinaufklettern in Richtung Basilika der heiligen Euphemia, dann knapp vor der Kirche auf der linken Seite liegt das kleine, schmucke Restaurant Monte. Wie der Name schon sagt, am Berg: mit herrlicher Sicht von der Terrasse aus hin zur Insel Katarina und auf das offene Meer. In keinem Gastroführer von Istrien ist das Lokal beschrieben. Vermutlich deshalb, weil es nur in den Ferienmonaten geöffnet hält. Das Monte bietet nur wenigen Gästen Platz (rund 30), aber aufgekocht wird formidabel und erlebnisreich. Vor allem die Fischküche ist es, die die Gäste anlockt. Dass Fisch erheblich teurer ist als Fleischspezialitäten, versteht sich von selbst.

WC: top

Scampi im Schinkenmantel

Pro Person 2–3 Scampischwänze und ebenso viele dünn geschnittene Schinkenscheiben, Olivenöl, Weißwein, Salz und Pfeffer

Die Scampischwänze erst kochen (einige Minuten), dann auslösen und in Schinkenscheiben einrollen. In Olivenöl auf allen Seiten gut durchbraten. Mit Wein ablöschen, würzen und mit gekochtem Reis servieren.

Paradies Hotelinsel Katarina

52210 Rovinj, Otok Katarina bb
TELEFON: *(0 52) 80 41 00*
www.hotelinsel-katarina.com
E-MAIL: *info@hotelinsel-katarina.com*
EIGENTÜMER: *Dr. Wilfried Holleis*
DIREKTORIN: *Bettina Huber*
GEÖFFNET: *von April bis Oktober*

Graf Karol von Milewski sei ein exzentrischer Adeliger gewesen, wird erzählt. Der Graf aus Litauen hatte 1905 die Rovinj vorgelagerte Insel Katarina Erzherzog Karl Stefan Habsburg abgekauft, um sie in ein Paradies zu verwandeln. Die Insel war damals ein Karstfelsen. Graf Milewski ließ Erde aufbringen und einen prachtvollen Garten anlegen. Weil er scheinbar zeitlebens den Wettstreit liebte, versuchte er auch, bei der Umgestaltung der Insel in ein Paradies der bessere Landschaftsgärtner zu sein als Baron Hütterott, der Ähnliches in Rovinj errichtete. Der Erste Weltkrieg machte den ehrgeizigen Plänen des Grafen ein Ende.

Es dauerte viele Jahrzehnte, bis wieder ein ehrgeiziger Mann kam, um die Insel aus dem Dornröschenschlaf wach zu küssen: Dr. Wilfried Holleis, Hotellier aus Zell am See, jung, dynamisch, mit Visionen ausgestattet.

Die Hotelinsel Katarina ist heute ein Schmuckstück der besonderen Art: Ein 4-Sterne-Hotel mit Familien-Appartements, mit schönen Zimmern inmitten eines paradiesischen Gartens.

Im Hochsommer verkehrt alle 30 Minuten eine Fähre zwischen Rovinj und der Insel.

Das Hotel ist von April bis Oktober geöffnet. In Ruhe wohnen und von hier aus den wunderbaren Blick auf die Altstadt von Rovinj genießen.

Die Küche ist eine Mischung zwischen istrischer und österreichischer Tradition.

Konoba Petra

52450 Vrsar, Kapetanova stancija 3
TELEFON: *(0 52) 44 23 66*
WIRTE: *Petra und Fabrice Lenoir*
Deutsch, Französisch
GEÖFFNET: *von 11 bis 23 Uhr*

Der Besuch dieser »Buschenschenke« unweit von Vrsar sollte zum Pflichtprogramm eines jeden Gourmets werden. Petra, aus Mürzzuschlag in der Steiermark stammend, hat einen Koch aus Frankreich geheiratet und ist auf der Suche, wo sie gemeinsam ein Wirtshaus pachten könnten, schließlich in Istrien hängen geblieben. Dort, wo sowieso die Deutschen und Österreicher irgendwann einmal hinkommen. Wer vom Limski Kanal kommt, der zweigt unmittelbar vor Vrsar Richtung Korversada ab. Dann dem Hinweisschild »Konoba Petra« folgen. Ein Steinhaus mit großer überdachter Terrasse, einigen Appartements, einer kleinen, gemütlichen Stube – das ist das Anwesen der sympathischen Petra. Ein absolut ruhiges Plätzchen. Und dann erst die Küche: Petras Gatte, ein Franzose, bringt einen für Istrien vollkommen anderen Geschmack auf den Teller. Mediterran-französische Raffinesse und istrische Einfachheit. Natürlich herrscht die Fischküche vor. Es gibt aber auch Spezialitäten vom Pferdefleisch. Dafür hat sich Fabrice ebenfalls bereits einen Namen gemacht.

WC: einfach, sauber

Lammragout

1 kg Lamm, 1 große Zwiebel, 1 Karotte, Rosmarin, 1 Liter Rotwein, Tomatenmark, Lorbeerblatt, Knoblauch, Olivenöl

Lammfleisch vom Schenkel würfelig schneiden. Mit Olivenöl anbraten. Fleisch herausnehmen, Zwiebel in den Bratfond, dann die Karotte; Rosmarin mit Rotwein ablöschen und auffüllen. Tomatenmark dazu, Lorbeerblatt, Knoblauch, Tomatensaft, Fleisch zurückgeben und eine Stunde köcheln lassen. Mit frischen Gnocchi servieren.

Restaurant Kod Ilva, »Bei Ilvo«

52450 Vrsar-Orsera, Marina Nuova
TELEFON: *(0 52) 44 51 97*
WIRTE: *Ilvo und Graziella*
Deutsch, Italienisch, Englisch, Slowenisch
GEÖFFNET: *von 11 bis 23 Uhr*

Im neuen Hafen von Vrsar befindet sich auch das beste Fischrestaurant von Vrsar – doch nicht nur Fisch gibt es bei Ilvo, sondern auch Fleischspezialitäten: Steaks, Schnitzel, Kalbsbraten und viele weitere Köstlichkeiten. Was den Fisch in diesem Lokal, im ersten Stock des Marinagebäudes gelegen, so besonders macht: Der Fisch ist immer frisch. Seebarsch im Salz oder im Rohr mit Kartoffeln gebraten ist einer der Hits des Lokals.

Zwei Speiseräume werden den Gästen angeboten: In einem befindet sich ein offener Kamin, die Decke ist aus altem Holz, alles vermittelt eine heimelige, warme Atmosphäre. Die wird vor allem im Winter benötigt, denn »Bei Ilvo« ist

das ganze Jahr über geöffnet. Der zweite Speisesaal, der vor allem im Sommer geöffnet wird, ist wiederum eleganter ausgestattet. Ganz klar, dass die Gäste im Sommer auf der großen Terrasse sitzen. Von hier kann der Gast den ganzen Jachthafen überblicken. Im Winter wird »Fisch auf Tonplatte« angeboten. Der Fisch wird auf eine Tonplatte gelegt, samt Kräutern und Kartoffeln, mit einem eisernen Deckel zugedeckt und mit heißer Asche umhüllt. In den Wintermonaten bietet dieses Restaurant auch Meeresspinnensalat an (Granzevole). Was noch positiv auffällt: Die Weinauswahl ist beachtlich.

WC: geräumig, sehr gepflegt

Spaghetti mit Meeresfrüchten

2 Tintenfische, 2 Scampi, 2 Miesmuscheln, Vongole, 2 Jakobsmuscheln, Olivenöl, Weißwein, Knoblauch, Salz, Pfeffer, grüne Petersilie

Olivenöl in einem breiten Topf heiß werden lassen, die klein geschnittenen Tintenfische kurz anrösten, dann die Scampi und die Muscheln dazugeben. Mit Weißwein ablöschen und kurz dünsten lassen. Würzen und mit al dente gekochten Spaghetti mischen. Gleich servieren.

Barba Čizo

52452 Funtana, J. Dobrile 7
TELEFON: *(0 52) 44 52 96*
E-MAIL: *aleksandar.borovac@pu.hinet.hr*
WIRT: *Dean Borovac*
Deutsch, Italienisch, Französisch, Englisch
GEÖFFNET: *Ostern bis Ende Oktober, kein Ruhetag*

Mitten im Bereich der Altstadt von Funtana, einen Steinwurf von der Kirche entfernt, ist das Wirtshaus Barba Čizo. Barba heißt Onkel. Čizo war der Schwiegervater des Seniorwirtes und der bekannteste Fischer der Gegend. Zwei Monate vor der Öffnung des Lokals verstarb er, und so wurde in Erinnerung an diesen wertvollen Menschen das Restaurant nach ihm benannt.

Fisch hat hier Tradition. Bekannt ist als Vorspeisenteller eine gemischte Muschelplatte. Weiters sind Nudeln und Risotto mit Meeresfrüchten oder Scampi beliebt sowie gebratener Fisch mit Kartoffeln. Auch Fleischspeisen sind hier erhältlich – aus der klassischen internationalen Küche. Dann Nudeln mit Trüffel, istrianischer Schinken, Beefsteak – Tournedos Istria mit Soße. Sehr gerne wird hier auch istrianische Baccala gegessen.

Das Lokal liegt sehr ruhig, verfügt über eine schöne Terrasse und von den beiden Speiseräumen aus hat man einen Ausblick hin zur Adria.

Die Weinauswahl ist beachtlich, als offene Weine werden typische Tropfen aus dem eigenen Land kredenzt.

WC: gepflegt

Calamari gedünstet

800 g Calamari, Knoblauch, Petersilie, Olivenöl, 1 Zitrone, Weißwein, Salz, Pfeffer

Die Calamari ausnehmen und putzen (im Fachgeschäft durchführen lassen). In eine gut eingeölte Kasserolle legen, etwas salzen, gut pfeffern und mit viel Knoblauch und grüner Petersilie bestreuen. Dann den Saft einer Zitrone, etwas Weißwein und etwas Wasser darüber schütten und zugedeckt etwa eine halbe Stunde dünsten lassen. Die Tintenfische sollten weich sein.

Konoba More

52452 Funtana, A. Gašparini 3
TELEFON: *(0 52) 44 51 03*
FAX: *44 52 02*
WIRT: *Ivan und Dani Ipša*
Deutsch, Italienisch
GEÖFFNET: *von 12 bis 24 Uhr, kein Ruhetag*

Von außen sieht die Konoba »More« wie ein größerer Bungalow aus. Innen jedoch – man schreitet über einige Stufen hinunter in das ein wenig in die Erde versetzte Haus – entpuppt sich das Wirtshaus als gemütliche Stätte guter Genüsse. Viel Holz erzeugt eine warme Atmosphäre. Zwei Stüberln, ein großer Speisesaal – ideal für Familienfeiern oder andere Gesellschaften. Das Team von Ivan ist um jeden Gast sehr bemüht, die Küche bietet ein Fülle an Fisch, Meeresfrüchten, aber auch Fleischgerichten. Alles mit istrianischem Einschlag.

Auch die Weinauswahl kann sich sehen lassen. Vor der Konoba ist ein großer Parkplatz und dem gegenüber das Restaurant »More« –

zwei Häuser an einem Ort. Das Restaurant ist nur in den warmen Monaten geöffnet. Es bietet im Inneren rund 70 und auf der Terrasse 40 Personen Platz.

WC: sauber, top

Fisch aus dem Backofen

1200 g Barsch oder Drachenkopf, 100 g Kartoffeln, 1 große Zwiebel, Knoblauch, Olivenöl, Pfeffer, Salz, 2 Lorbeerblätter

Die Kartoffeln schälen, vierteln und mit groben Zwiebelscheiben, gehacktem Knoblauch und viel Olivenöl in eine Kasserolle geben, salzen, pfeffern und ins vorgeheizte Backrohr schieben. In der Zwischenzeit den Fisch waschen und innen mit Salz und Knoblauch einreiben. Nach 15 Minuten Bratzeit der Kartoffeln wird der Fisch in die Kasserolle dazugelegt und mit Olivenöl sowie etwas Fischfond übergossen. Noch einmal rund 40 Minuten (je nach Größe des Fisches) braten.

Restaurant Barilla

52440 Poreč, Eufrazijeva 26
TELEFON: *(0 52) 45 27 42*
WIRT: *Eduard Deković*
Deutsch, Italienisch
GEÖFFNET: *von 12 bis 24 Uhr, kein Ruhetag*

In unmittelbarer Nachbarschaft zur wunderschönen Basilika mit den wertvollen Mosaiken liegt das Restaurant Barilla. Es bietet rund 50 Personen Platz, im Gastgarten jedoch sind es rund 80 Plätze, die den Gästen angeboten werden. Gekocht wird istrianisch – Trüffel beispielsweise, auch Nockerln und natürlich Fisch in jeglicher Variation. Die Hausspezialität sind Tris kuce – dreierlei Nudeln in dreierlei Farben. Was den Wein anlangt, so bietet das Restaurant die besten Tröpferln Istriens und andere Kreszenzen aus Kroatien an. Innerhalb der namhaftesten Restaurants des Landes zählt das »Barilla« zum ersten Drittel – was Qualität und Angebot betrifft.

WC: sauber

Paniertes Gemüse

600 g Zucchini, Salbeiblätter, Petersilienstängel, 300 g Melanzani, junge Zwiebeln
3 Eier, Mehl, Brösel, Öl, Salz

Zucchini und Melanzani in dünne Scheiben schneiden, die Zwiebel halbieren. In Mehl wälzen, in aufgeschlagene Eier tauchen und dann mit Brösel belegen. Auf allen Seiten in heißem Öl herausbacken.

Restoran Ilona

52440 Poreč, Bračka 39–41
TELEFON: *(0 52) 43 13 35*
FAX: *43 16 88*
WIRTIN: *Ilona Ritoša*
Deutsch, Italienisch, Englisch
GEÖFFNET: *April bis Oktober von 11 bis 23 Uhr*

Direkt an der Hauptstraße, die von Poreč in Richtung Novigrad führt, einige Kilometer außerhalb der Stadt liegt das Restaurant Ilona, das für seine Fischspezialitäten bekannt ist. An schönen Tagen – die es ja zwischen April und Oktober in Vielzahl gibt – wird auf der

Terrasse serviert. Im Restaurant, das von außen eher unscheinbar wirkt, gibt es eine Gaststube und einen Speisesaal. Sauber und gemütlich. Die Servicemannschaft ist kompetent und freundlich. Papa Mario und Schwester Martina helfen der Wirtin Ilona fleißig mit. Die Familie betreibt auch eine Tourismusagentur und vermietet Ferienwohnungen und Ferienhäuser. Außerdem führt sie im Landesinneren von Istrien eine urgemütliche Konoba (siehe auch Reise 4). Aber nicht nur im Landhaus, auch bei Ilona wird auf istrische Kreationen in der Küche nicht verzichtet.

WC: gepflegt, groß

Artischocken mit Erbsen

8 Artischocken, 300 g Erbsen, 120 g Speck, Knoblauch, ein Bund junge Zwiebeln, Selleriegrün, Olivenöl, Brösel, Salz, Pfeffer

Zwiebel in Ringe schneiden und anbraten. Fein gewürfelten Speck beimischen und nach kurzer Zeit die Erbsen dazugeben. Das Selleriegrün grob hacken, salzen, pfeffern und alles weich dünsten. Die Artischocken von der Spitze her aushöhlen, mit einem Teil der Masse aus Speck und Erbsen füllen. In die Pfanne zum Rest der Masse geben, etwas Wasser dazuschütten und dünsten, bis die Artischocken weich sind.

Grill Restaurant Dvi Murve

52440 Poreč, Grožnjanska 18, Vranići
TELEFON: *(0 52) 43 41 15*
FAX: *43 41 84*
WIRT: *Ivan Barić*
Deutsch, Italienisch, Englisch
GEÖFFNET: *von 12 bis 24 Uhr*

Dieses große und sehr schöne Restaurant gehört zu den besten Wirtshäusern im Land. Besonders angenehm: der teilweise überdachte Gastgarten, dem große Bäume Schatten spenden. Murve bedeutet übersetzt »Maulbeerbaum«. Nach zwei gewaltigen Riesen dieser Baumart ist also das Restaurant benannt. Im Garten und in den schönen Speiseräumen im Lokalinneren können mehr als 200 Personen Platz finden. Kein Wunder, wenn große Familienereignisse der Umgebung von Poreč im »Dvi Murve« gefeiert werden. Das Fischangebot ist reichhaltig, aber auch an Fleischspeisen wird viel angeboten. Ein Klassiker sind die Steaks und Fisch in der Salzkruste.

Der Weg zum Restaurant führt erst einmal von Poreč in Richtung Novigrad. Nach zwei Kilometern rechts abzweigen und immer den Hinweisschildern folgen. Von Poreč sind es wirklich nur wenige Minuten bis zum Maulbeerbaum-Wirtshaus.

WC: bestens

Scampi im Weißwein

Pro Person 6 Scampischwänze, Knoblauch, 1/2 l Weißwein, Malvasier, Petersilie, Olivenöl, Salz, Pfeffer

Die Scampischwänze gut waschen, einschneiden und in einer Pfanne mit heißem Olivenöl kurz braten. Knoblauch dazugeben und mit Wein ablöschen. Salzen, pfeffern, Petersilie darüber streuen und kurz dünsten lassen.

ROVINJ
PULA

Restaurant Marina

52440 Poreč, Kukci 1
TELEFON: *(0 52) 45 61 47*
FAX: *45 60 73*
WIRT: *Gianfranco Radešić*
Deutsch, Italienisch
GEÖFFNET: *von 11 bis 23 Uhr, im Sommer kein Ruhetag*

Dieses etwa sieben Kilometer außerhalb von Poreč gelegene Wirtshaus ist leicht zu finden. Es liegt direkt an der Straße, die von Poreč in Richtung Višnjan führt. Ein großes, altes Herrenhaus, vielleicht war es sogar einmal eine Poststation. Gianfranco, der Wirt, kann sich mit Recht rühmen, viele Stammgäste unter den Touristen zu besitzen. Hier stimmen die Atmosphäre, die Freundlichkeit des Wirtes und die Kompetenz der Ober und Kellnerinnen. Das Wirtshaus ist zwar nur einfach eingerichtet, aber es kommt doch Stimmung auf. Vor dem Haus ein kleiner Gastgarten, im Haus der Speisesaal und der Gastraum. Gekocht wird einheimische Küche, viel Fisch und natürlich auch einige internationale Gerichte. Die Weinauswahl ist absolut top, liegt das »Marina« ja nicht weit weg vom Zentrum des Weinbaues in Istrien.

WC: sauber

Geschmorte Flusskrebse

1200 g Flusskrebse, Olivenöl, Knoblauch, Brösel, Petersilie, Weißwein, Fischfond, Salz, Pfeffer, Zitrone

Gehackten Knoblauch in Olivenöl etwas anschwitzen. Brösel sowie die Flusskrebse dazugeben, kurz anbraten, mit etwas Weißwein ablöschen und mit Fischfond aufgießen. Dann zudecken und bei kleiner Flamme schmoren lassen. Nach einigen Minuten die Petersilie darüber streuen, noch einige Minuten ziehen lassen, auf Teller anrichten, mit Zitronensaft übergießen und sofort servieren.

Konoba Damir e Ornela

52466 Novigrad, Ul. Zidine-Via delle Mura 5
TELEFON: *(0 52) 75 81 34*
WIRTE: *Damir und Ornela Beletić*
Italienisch
GEÖFFNET: *von 12 bis 15.30, 18.30 bis 23 Uhr*

Klein, fein und immer voll besetzt: Wer in den Schlemmertempel Damir mitten im alten Stadtzentrum von Novigrad zum Speisen eintritt, der sollte zuvor seinen Tisch bereits reserviert haben. Denn sonst kann Damir, der Wirt, nur mit dem Ausdruck des größten Bedauerns die Schultern zucken und sagen: »Probieren Sie ein andermal …«

Das allerdings sollte man als Genießer auch schleunigst tun, denn wenn Damir bei Tisch einen fangfrischen Meeresfisch in hauchdünne Streifen schneidet und sie dann roh mit bestem Olivenöl und etwas Zitrone serviert, dann tut er das mit so einer Eleganz und so großem Können, dass man sich unwillkürlich in ein japanisches Restaurant versetzt glaubt. Doch dem ist nicht so – es ist Kroatien, also mediterran. Ornela, die Gattin des Gastronoms, bietet einfache istrianische Fischküche. Aber jeder Fisch ist so exakt auf den Punkt genau gebraten oder gedünstet, dass es eine wahre Freude ist.

Übrigens: Bei Damir und Ornela finden knapp 30 Gäste Platz. Also nichts für große Gruppen.

WC: sauber

Risotto mit Muscheln

1200 g Miesmuscheln, Steinbohrer, Vongole, Capelunghe, 400 g Rundkornreis, Olivenöl, 1 Zwiebel, 1 Tomate, Knoblauch, Salz, Pfeffer, geriebener Käse, Butter

Zwiebel klein hacken und in Olivenöl anschwitzen. Die Muscheln dazugeben, den Topf zudecken und die Muscheln kurz schmoren lassen. Den Topf vom Feuer nehmen, aus den geöffneten Muscheln das Fleisch herausziehen und auf einen Teller ablegen, die Schalen beiseite geben. Jetzt den Topf wieder auf das Feuer stellen, die fein gehackte, geschälte Tomate dazugeben und kurz ankochen lassen. Dann Reis einrühren und das Muschelfleisch dazugeben. Den Reis einige Minuten anschwitzen lassen und schließlich nach und nach erst mit Weißwein und dann mit Wasser aufgießen. Der Reis soll immer gleichmäßig quellen. Gegen Ende der Kochzeit mit geriebenem Käse und einem Stück Butter verfeinern. Salzen, pfeffern und mit Petersilie garnieren.

Restaurant Mandrač

52466 Novigrad, Mandrac 6
TELEFON: *(0 52) 75 71 20*
FAX: *75 73 69*
E-MAIL: *prime@zg.tel.hr*
WIRT: *Roman Eduard Glogovšek*
Deutsch, Italienisch
GEÖFFNET: *von 10 bis 24 Uhr*

Direkt am Jachthafen in Novigrad liegt das blau-weiße Wirtshaus von Roman Glogovšek. Im Inneren kommt Seefahrerstimmung auf: Fotografen, Gemälde, Tradition. Vor dem Haus in Richtung Hafen die einladende Terrasse. Insgesamt bietet das Mandrač 200 Gästen Platz. Das Haus ist jedoch nicht das ganz Jahr über geöffnet. Auch dieses Wirtshaus zählt zu den besten des Landes. Gekocht wird Fisch und Fleisch und das in bester Qualität. Empfehlenswert (unter anderem) sind vor allem Nudelgerichte mit Muscheln oder Scampi. Das Weinangebot kann mit der Qualität der Speisen mithalten.

WC: sauber

Orate mit Oliven

Für zwei Personen eine Goldbrasse, grüne und schwarze Oliven, Olivenöl, Knoblauch, 1 kleine Zwiebel, 1 Tomate, Weißwein

In eine feuerfeste Form Olivenöl geben. Zwiebel in Streifen, Tomate in Ringe schneiden und auf den Boden der Kasserolle auflegen. Knoblauch in feine Scheiben schneiden und darüber streuen. Fisch putzen, salzen und pfeffern und in die Form geben. Mit Weißwein und Olivenöl beträufeln. Grüne und schwarze Oliven entkernen, klein schneiden und zum Fisch in die Form geben. In das vorgeheizte Backrohr geben und rund 30 Minuten braten

lassen. Immer wieder mit dem eigenen Saft oder etwas Fischfond begießen.

Weingut Moreno Coronica

52470 Umag, Koreniki 86
TELEFON: *(0 52) 73 01 96*
WINZER: *Moreno Coronica*
GEÖFFNET: *auf Anfrage*

Auf dem Weg von Novigrad nach Umag – wenige Kilometer vor Umag – weißt bereits das Schild »Weinstraße« nach rechts in Richtung Koreniki hin. Es sind nur ein paar Kilometer und schon ist das Ziel erreicht: Ein Weiler, das gepflegteste Haus gehört Moreno. Er hat viel investiert in das neue Produktionsgebäude und zeigt gerne sein Reich. Das beginnt allerdings draußen, im Weingarten. Gute, gepflegte Trauben sind das Rüstzeug für gute Weine. Ob Malvasier oder Teran, die Weine von Moreno gehören zu den besten Istriens.

Kellereibesuch gegen Voranmeldung möglich!

Restaurant Tropicana

52470 Umag, im Casino Solei–Umag
TELEFON: *(0 52) 74 13 01*
FAX: *74 38 88*
E-MAIL: *solei@amis.net*
Deutsch, Italienisch, Englisch
GEÖFFNET: *von 12 bis 24 Uhr Küche, von 12 bis 02 Uhr an Wochenenden; das Casino ist rund um die Uhr geöffnet.*

Das Restaurant besitzt etwa 110 Plätze und ist wie ein Tropenpark im Casino angelegt. Während die einen dem schnöden Mammon Geld nachjagen, genießen andere die Küche von Alen Turcovič, der darauf schwört, nur frische Produkte auf den Tisch zu bringen. »Was der Markt hergibt, das koche ich.« Daher wird täglich oder wöchentlich das Programm den Kellnern mitgeteilt, eine fixe Karte in dem Sinne gibt es nicht. Im Wesentlichen sind es Fische, das Lokal liegt ja direkt am Meer in einer großen Ferienanlage. Scampi, Astice etc. sind hier genauso zu haben wie Branzino oder St. Petersfisch. Fisch in der Salzkruste oder im Rohr gebraten mit Kartoffeln. Die Stimmung ist geschäftlich, spannend und entspannend zugleich.

Das Restaurant ist wie eine kleine Insel in diesem spannenden Treiben.

WC: neues Haus; saubere, groß angelegte Toiletten

Tagliatelle mit Scampi

600 g Tagliatelle, 400 g Scampi, Olivenöl, Knoblauch, Petersilie, Salz, Pfeffer, Tomatenmark, Vegeta (Gewürzmischung)

Die Tagliatelle al dente kochen. In der Zwischenzeit die ausgelösten Scampi in Olivenöl anbraten, ein wenig Knoblauch dazu und dann mit Kognak ablöschen bzw. flambieren.

Tomatenmark und frische, kleinwürfelig geschnittene Tomaten dazugeben, Salz, Pfeffer, Vegeta, Petersilie und mit Brösel binden. Dann mit den Tagliatelle vermischen.

Weingut Moreno Degrassi

52475 Savudrija, Bašanija bb
TELEFON: *(0 52) 75 98 44*
WINZER: *Moreno Degrassi*
Italienisch, Englisch
GEÖFFNET: *von 9 bis 12 und von 16 bis 20 Uhr*

Vermutlich die kürzeste Weinstraße Istriens führt in das Reich des Winzers Degrassi: Die Straße ist kaum 50 Meter lang und zweigt am Ende des Ortskerns von Bašanija von der Hauptstraße nach links ab. Moreno Degrassi keltert Weine von internationaler Qualität. Mindestens 50 Auszeichnungen hat er für seine einzelnen Glanzstücke bereits einheimsen können. Alle Weine kommen aus Gärten, die sich im Bereich der »terre bianche« befinden. Also keine rote Erde als Untergrund. Wenn Weine von Degrassi in den Karten der besten Restaurants des Landes angeboten werden, dann beweist dies die Klasse des Winzers. Das Weingut Degrassi ist 20 Hektar groß, gekeltert wird teilweise in Stahltanks und immer mehr in Barriques. Berühmt sind seine Linien wie Conterini, Fernè, San Pellegrin und Casanova – dahinter verbergen sich edle Tropfen vom Chardonnay bis zum Muskat bei den Weißweinen sowie Refosko und Cabernet franc bei den Rotweinen.

Konoba Buščina

52470 Umag, Marija na Krasu
TELEFON: *(0 52) 73 20 88*
WIRTIN: *Fabiana Mijanović*
Deutsch, Italienisch
GEÖFFNET: *von 12 bis 24 (Sommer), 16 bis 24 Uhr (Winter), Mittwoch Ruhetag*

Dieses Wirtshaus draußen am Land, fast in der Einöde, versprüht istrische Lebensart und Tradition. Ein Steinhaus, kühl im Sommer, gemütlich warm durch den offenen Kamin im Winter. Davor eine Terrasse – Steinsäulen, die ein leichtes Dach tragen und somit sowohl vor der unbarmherzig strahlenden Sonne als auch vor dem Regen schützen. Alles ist istrianisch hier, bis hin zur Speisekarte, die kaum Kompromisse mit Touristen eingeht. Und es schmeckt – dafür sorgt das Küchenteam mit viel Können und Elan. Lamm ist hier wohl am meisten zuhause. Zu dieser Konoba führt die Straße von Umag nach Koper. Es sind nur einige Kilometer, die man von Umag aus benötigt, um nach Marija na Krasu zu gelangen, von dort zweigt nach links die Straße zur Konoba ab.

WC: sauber

Lammrippen, geschmort

Ca. 1 kg Lammrippen, Zwiebel, Tomaten, Öl, Weißwein, Rosmarin, Paprikapulver, Mehl, Salz, Pfeffer

Die Rippen in kleine Stücke schneiden und in Olivenöl mit grob geschnittenen Zwiebeln anbraten. Mit Wasser aufgießen. Paprika, Rosmarin, Salz und Pfeffer dazugeben und auf kleiner Flamme zugedeckt schmoren lassen. Zumindest eine Stunde, bis das Fleisch weich ist. Dann würfelig geschnittene Tomaten dazugeben, mit etwas Mehl stauben und mit Petersilie verfeinern. Noch einmal auf das Feuer stellen, mit Weißwein auffüllen und 20 Minuten köcheln lassen. Als Beilage eignen sich Fuži.

Restaurant Allegro

52470 Umag, Hotel Kristal, Obala J.B. Tita 9
TELEFON: *(0 52) 700-000*
E-MAIL: *hotel-kristal-prodaja@acz-umag.tel.hr*
WIRT: *Pavao Zubak*
Deutsch, Italienisch
GEÖFFNET: *von 12 bis 24 Uhr, im Sommer kein Ruhetag*

In kaum einem Istrienbericht oder Reiseführer wird das »Allegro« von Umag fehlen. Auch hier nicht. Ich schließe mich der vorherrschenden Meinung an, das »Allegro« gehöre zu den zehn besten Adressen des Landes. Groß ist das Lokal von Pavao Zubak im Hotel Kristal nicht – knapp über 40 Plätze im Restaurant, etwa gleichviel auf der Terrasse. Doch für die Küchenmannschaft wäre ein Zuviel an Gästen vermutlich Stress und damit ein Qualitätsabfall.

Was man als Gast nicht versäumen sollte (so auf der Speisekarte angeboten): Die Krebsen-Cremesuppe à la Kristal. Ein Hochgenuss und ein Klassiker in diesem gemütlichen, feinen Restaurant. Doch nicht nur Fisch, auch Fleisch und Wildspezialitäten finden sich in dem vielfältigen Angebot. Die Speisen werden kreativ gekocht, und eine feine Weinauswahl gibt dem Genuss noch den letzten Schliff.

WC: bestens

Krebsensuppe

2 Zucchini, 1 reife Tomate, 150 g Krebsenfleisch, Knoblauch, Fischfond, Salz, Pfeffer, Majoran, etwas Obers

Zucchini kleinwürfelig schneiden und mit Fischfond, Knoblauch und etwas Majoran weich kochen. Tomate schälen, passieren und durch ein Sieb streichen. Dann zu den Zucchini geben und drei Minuten kochen lassen. Erst gegen Ende der Kochzeit die klein geschnittenen Krebse in die Suppe geben, mit Obers verfeinern und servieren.

Von Buje nach Vodnjan

Das Weingebiet von Višnjan – Die Hochebene und das Hügelland um Baderna als das schönste Radlerparadies – Boskarin, ein weißes Rind, das unter Artenschutz steht – Pazin, die Hauptstadt Istriens – Das Ende oder der Anfang des »Limski kanals« und was Jules Verne inspirierte – Ein Abstecher zum Totentanz von Beram – Der Weg des heiligen Simeon – Die Mumien in den Kristallsarkophagen von Vodnjan

Slowenien
Richtung Triest
Richtung Triest, Laibach
Savudrija
Bašanija
Zambratija
Valic
Murine
Sv. Marija na Krasu
N. Stella maris
T. N. Punta
Umag
Kaldanija
Kaštel
Castelvenero
Merišće
Brda
Vrnjak
Momjan
Petrovija
Gamboci
Buje
Marušići
Gomila
Čepić
SV. Pelegrin
Šeget
Triban
Šterna
Kršete
Martinčići
Makovci
Kremenje
Finida
Lovrečica
Radini
Fiorini
Brtonigla
Baredine
Grožnjan
Sv. Lucija
Oprtalj
Ladin Gaj
Nova Vas
Lozari
Livade
Srbani
Dajla
T.N. Mareda
Bužinija
Žudetići
Vranje Selo
Novigrad
Cerjani
Rogovići
Vižinada
Ferenci
Motovun
Kaštelir
Baškoti
Tar
Kovači
Labinci
Dvori
Brig
Karojba
Gedići
Štuti
Žužići
Nova Vas
Bačva
Radovani
Poreč
Vranići
Žbandaj
Jehnići
Radman
Baderna
Jakovići
Tinjan
Zelena laguna
Starići
Dračevac
Sv. Lovreč
Monfardini
Sv. Petar
Funtana
Begi
Flengi
Marasi
Stranići
Selina
Radetići
Gradina
Vrsar
Koštar
Koversada
Limski Kanal
Valata
Bubani
Brajkovići
Kanfanar
Kurili
Rovinjsko Selo
Borik
Rovinj
Smoljanci
Golaš
Svetvinčenat
Bale
Valle
Negrin
Barbariga
Mandriol
Mednjan
Golubovo
Peroj
Vodnjan
GAZ
MALI BRIJUNI
Brijuni
Fažana
Šurida
PULA
VERUDA
Vinkuran
Banjole
Pomer
Premantura
Medulin
Ližnjan
Rt. Kamenjak
Šikići
Šišan
Grabovići
Ušićevi Dvori
Valtura
Kavran
Loborika
Radeki
Muntić
Šegotići
Peruški
Krnica
Krnička Luka
Pinezići
Čelija
Divšići
Orbanići
Rakalj
Manjadvorci
Hreljići
Rebići
Glavan
Bičići
Režanci
Želiski
Puntera
Barban
Melnica
Grandići
Orihi
Peteh
Koromani
Gradišće
Tomišići
Žagrići
Balić
Žminj
Zabrežani
Pulići
Publić
Bazgalji
Čubanići
Bertoši
Gračišće
Vela Traba
Brajkovići
Beram
PAZIN
Tviž
Škropeti
Novaki Pazinski
Cerovlje
Gologorica
Golgoročki dol
Grdoselo
Kašćerga
Grižani
Grimalda
Zamask
Sv. Bartol
Senj
Bartolići
Vrh
Sovinjska Brda
Sovinjak
Žnjidarići
Zrenj
Žonti
Škuljari
Štrped
Buzet
Sv. Martin
Gor. Nugla
Selca
Čiritež
Roč
Forčići
Klarići
Račice
Krušvari
Dragué
Hum
Borut
Lupoglav
Ročko Polje
Brgudac
Lesišćina
Dolenja Vas
Vranja
Paz
Kontuši
Šušnjevica
Kostrčani
Zajci
Šumber
Boljevići
Kršan
Eržišće
Sv. Nedelja
Vozlići
Plomin
Plomin-Luka
Sv. Martin
Marići
Veli Golji
Krapan
Raša
Labin
Rabac
Most-Raša
Brgod
Duca Luka
Polje
Sv. Marina
Trget
Peršići
Stanišovi
Vlakovići
Drenje
Viškovići
Skvaranska
Brovinje
Koromačno
Jelovice
Vodice
Dane
Brest
Kropinjak
Slum
Male Mune
Račja Vas
Žejane
Lanišće
Pasnjak
Šapjane
Rupa
Veli Brgud
Perka
Ružići
Zvoneće
Mučići
Kučeli
Rukavac
Opatija
Veprinac
Poljane
Lovran
Tuliševica
Medveja
Kraj
Mošćenička Draga
Mošćenice
Jelena
Golovik
Martina
Brseč

Natürlich ist die Adria Anziehungspunkt für jeden Touristen, der nach Istrien gelangt. Doch immer mehr Menschen zieht es weg von den Küstenstrichen hinein in das sogenannten »Hinterland«. Es sind nicht so sehr die Berge im Norden, die die Gäste anlocken, sondern das Hügelland zwischen Vizinada, Baderna und Vodnjan.

Unsere Route beginnt in Buje, der ersten kroatischen Stadt nach der Grenze von Slowenien Richtung Istrien. Wir nehmen die Hauptstraße, die Richtung Pula führt. Erst geht es über das Bergland hinunter in das Mirnatal. Immer wieder erspäht man diesen wunderbaren Blick hin zur Adria, die rechts der Straße im Frühling durch blühenden Ginster zu sehen ist. Zwischen Vizinada und Višnjan (Richtung Poreč) sowie Baderna (Richtung Pula) liegen die schönsten und üppigsten Weingärten Istriens. Hier, im Hügelland, das sich wie eine geschwungene Hochebene darstellt, ist der Karst grün. Ein sattes Grün – die Kornkammer des Landes. Weizen, Roggen, Gerste werden hier ebenso geerntet wie Kartoffeln. Die istrianische Kartoffel ist im Aussehen und Geschmack etwas Besonderes: Außen bis ins Rötliche gehend, groß und von unvergleichlichem Geschmack.

Ein Radlerparadies im Winzerland

Auf den Anhöhen liegen kleine Dörfer und Weiler. Manche Häuser sind schon längst verlassen, andernorts entsteht aber durch den Tourismus wieder neues Leben. Der Gast zieht hinaus aufs Land – um den sanften Tourismus zu genießen. Vor allem Radfahrer schätzen diese Gegend wegen der vielen kleinen Straßen und Wege, wegen der landschaftlichen Vielfalt und wegen der Überschaubarkeit der einzelnen (markierten) Radwege. Einer der schönsten Radwege beginnt in Vizinada.

Ein kleiner Ort, etwas mehr als 250 Einwohner, 257 Meter über dem Meeresspiegel gelegen und 1177 erstmals urkundlich erwähnt. Von hier weist der Blick hin zur Bergstadt Motovun, der Bilderbuch-Stadt. Die Radtour führt aber durch kleine Dörfer und Städte. Eine Art Rundkurs, der 28 Kilometer lang ist. Dass die meisten Radwege an Weinbergen und Weinkellereien vorbeiführen, hat zumindest landschaftlich seinen Reiz.

Zum Einkehren ist wohl als Radfahrer nicht der richtige Zeitpunkt gewählt. Aber gerade zwischen Vizinada und Višnjan sind bekannte Winzer daheim: Elido Pilato beispielsweise. Er besitzt sein Gut in Lašici (0 52 / 44 62 81). Zu seinen besten Weinen gehört der Chardonnay, der bereits international einen Preis erzielen konnte.

In Markovac, ebenfalls bei Višnjan, ist das Weingut Peter Poletti (0 52 / 44 92 51) mit sehr fruchtigen Weißweinen und tollen Rotweinen zu finden.

Unter den großen Winzernamen ist auch Marijan Arman aus Narduci bei Vizinada zu nennen (0 52 / 44 62 29). Ein Haus weiter sind Eduardo und Franc Armann (0 52 / 44 62 26) beheimatet. Die Armanns keltern so gute Weine, dass kaum ein Top-Restaurant in Istrien ohne deren Kreszenzen auskommen kann.

VINSKA CESTA
LA STRADA DEL VINO
VINSKA CESTA
LA STRADA DEL VINO

Das Boskarin-Rind

Wer einmal in diese sanften, großen Augen geblickt hat, der wird sich den Schwur leisten (und bald wieder brechen), niemals mehr ein Rindfleisch zu verspeisen. Wer kann so ein sanftes Vieh schlachten? Viele! Einst gab es in Istrien 50.000 weiße Karstrinder, Boskarin genannt. Heute zählt das weiße Rind zu den gefährdeten Haustierrassen der Welt und ist unter Artenschutz gestellt worden. Langsam soll es wieder heimisch werden. Einige Bauern halten noch Boskarin-Rinder, bei Višnjan werden etliche Exemplare in einem von der Regierung geförderten »Geno-Park« gezüchtet.

Višnjan ist nicht nur wegen Wein und Boskarin einen Besuch wert. Direkt neben der Kirche dieser Bergstadt befindet sich eine Loggia, von der aus vermutlich der schönste Blick über das Land hin zur Adria möglich ist.

Pazin, der Mittelpunkt Istriens

Von Višnjan aus führt uns der Weg nach Baderna und dann weiter in Richtung Pazin. Der erste Abstecher sollte dem Dorf Tinjan gelten. Nicht nur wegen des sehenswerten Ensembles der Gebäude, sondern wegen des »Limski kanals«, der tief unter dem Dorf beginnt. Doch nicht als Wasserstraße, sondern als fruchtbarer Canyon, in dem wie kaum sonst wo Getreide und Kartoffeln gedeihen.

Pazin selbst ist das Verwaltungszentrum Istriens. So war es zu Zeiten der Habsburger und so ist es auch heute wieder. Pula ist ohne Zweifel die größte und wichtigste Stadt dieser Region Kroatiens, doch mit der Bestellung Pazins zum Verwaltungssitz des Bezirkes wurde das Hinterland enorm aufgewertet. Pazin ist touristisch gesehen wenig sehenswert. Lediglich die Burg aus dem 9. Jahrhundert gibt etwas her. Doch die Burg liegt hundert Meter oberhalb einer atemberaubenden Schlucht des Fojba Flusses. Grotte und Schlucht haben angeblich Dante inspiriert: In seiner »Divina Comedia« soll sie für die Beschreibung des »Höllenschlundes« hergehalten haben. Im Roman »Mathias Sandorf« ließ schließlich auch Jules Verne Burg und Schlucht auftreten. Der in der Burg gefangene Sandorf konnte über die Mauern hinunter zum Fluss flüchten, und durch die Grotte gelangte er unterirdisch letztendlich zum »Limski kanal«.

Das könnte übrigens funktionieren. Vor rund 20 Jahren ließen Geologen Farbe in den Fluss gießen. Und siehe da, sie kam im 130 Meter tiefer gelegenen »Limski kanal« wieder zum Vorschein.

Der Totentanz von Beram

Wenige Kilometer von Pazin in Richtung Motovun liegt das Bergdörfchen Beram. Ganz in der Nähe, versteckt in einem Wald, findet sich ein kunstgeschichtliches Kleinod der besonderen Art: die Fresken der Kirche von »Maria im Walde«. Im 15. Jahrhundert hatte Meister Vinzent von Kastav (liegt oberhalb von Opatija) die Fresken gemalt. Herausragend: der Totentanz.

Die Kirche ist versperrt. Ich empfehle erst nach Beram zu fahren. Hinter der Kirche dieses Dorfes lebt eine Frau, die den Schlüssel der Waldkapelle verwaltet und bereitwillig mit Touristen zur Kulturstätte mitfährt. Maria im Wald liegt von Beram rund zwei Kilometer entfernt.

Der Weg des heiligen Simeon

Ein anderes Kleinod – wenngleich auch anderer Art – ist der Weg des heiligen Simeon. Wiederum ist Pazin Ausgangspunkt. Doch geht es jetzt nicht Richtung Westen oder Süden, sondern in Richtung Osten nach Gracisce. Eine Kleinstadt übrigens, die als Ganzes unter Denkmalschutz steht. Die spätgotische Kirche mit einer Loggia (Säulenhalle) aus dem 17. Jahrhundert ist sehenswert. Gracisce war einmal Sommerresidenz der Bischöfe von Pican. Gracisce ist ein Ort, der Zeit benötigt. Für die Besichtigung, für das Erleben der alten Geschichte des Landes und schließlich für die Wanderung am Weg des heiligen Simeon. Der Weg ist zwar nur 10 Kilometer lang, aber er erlaubt ungeahnte Einblicke in das Leben auf dem Lande und Ausblicke in die bezaubernde und grandiose Landschaft Istriens. Der Weg beginnt unter der großen Wandertafel vor dem Stadteingang. Nicht zu übersehen. Der erste Teil des Weges führt zur ehemaligen Kirche, die dem heiligen Simeon geweiht war. Davon zeugt zwar nur mehr eine Ruine, aber immerhin gab sie dem Wanderweg ihren Namen.

Die Mumien von Vodnjan

Nicht nur, dass Vodnjan eine der bezauberndsten Bergstädte Istriens darstellt, verbirgt sie auch noch ein unheimliches Geheimnis: Die Mumien in den Kristallsarkophagen. Hinter dem Hauptaltar der Basilika Sankt Blasius stehen die Sarkophage – beleuchtet und für jedermann erkennbar mit mumifizierten Leichnamen im Inneren. Es sind geistliche Würdenträger, die so bestattet wurden. Doch Wissenschafter finden bis heute keine exakte Erklärung, warum sich die Leichname so gut erhalten haben. Denn fest steht – sie wurden nicht einbalsamiert. Es sind drei Mumien, die hier zu bestaunen sind. Des weiteren befinden sich in der Basilika folgende Kostbarkeiten: Die Gebeine des heiligen Sebastian (er wurde 282 erwürgt) sowie 370 Reliquien von 250 anderen Heiligen. Dass der Glockenturm der Basilika mit seinen 60 Metern der höchste des Landes ist, soll auch nicht unerwähnt bleiben.

Nach so viel Geheimnis, Geschichte und Landschaft führt uns die weitere Reiseroute in das nahe

gelegene Pula, dem wirtschaftlichen und gesellschaftlichen Zentrum Istriens. Damit schließt sich auch für uns der Kreis unserer Reisen durch ein zauberhaftes Land, für dessen Entdeckung ein Leben wohl nicht reichen dürfte.

Wir besuchen:

Konoba Astarea, Brtonigla
Gostionica Vizinada, Vizinada
Vinoteka Istra Agri, Vizinada
Weingut Pilato, Vizinada
Konoba Barba Tone, Cvitani/Višnjan
Restaurant Baskarin im Geno Park, Višnjan
Taverna Borgonja, Višnjan
Konoba Milena, Višnjan
Weingut Franko Randovan, Višnjan
Konoba Didi, Tinjan
Bufet Kum, Tinjan
Gostionica Istarska Konoba, Bujici
Weingut Matoševič, Sveti Lovreč

Konoba Astarea

52474 Brtonigla, Ronkova 9
TELEFON UND FAX: *(0 52) 77 43 84*
WIRT: *Anton Kernjus*
Deutsch, Italienisch
GEÖFFNET: *von 11 bis 24 Uhr, kein Ruhetag*

Seit vielen Jahren ist dieses urgemütliche Lokal der Inbegriff istrianischer Gastfreundschaft und Essenskultur. Der Gasthof auf dem Lande liegt an der Straße zwischen Buje und Novigrad, gleich hinter der Bergstadt Buje. Ein offener Kamin ist Zentrum und Blickpunkt des Lokals. Hier grillt der sympathische und immer freundliche Wirt Anton Kernjus selbst verschiedene Köstlichkeiten, und unter der Glut (Peka) wird auch Apfelstrudel gebacken. Dieser ist sozusagen der »Geheimtipp« in der Astarea. Das Wirtshaus ist nicht sehr groß: Rund 50 Personen haben in der mit alten Bildern und Handwerkszeug geschmückten Stube Platz, auf der überdachten Terrasse sind es rund 40 Plätze, die angeboten werden. Da die Astarea zu den besten Konobas des Landes zählt, ist Tischreservierung praktisch Pflicht.

WC: sauber

Apfelstrudel

500 g Mehl, 2 Eier, 20 g Staubzucker, 20 g Mehl, 20 g Fett, Milch, Salz, Zitronenschale

für die Füllung: 800 g Äpfel, 50 g Rosinen, 50 g geriebene Nüsse, 30 g Brösel, Zucker, Rum, Zimt, Butter, Staubzucker

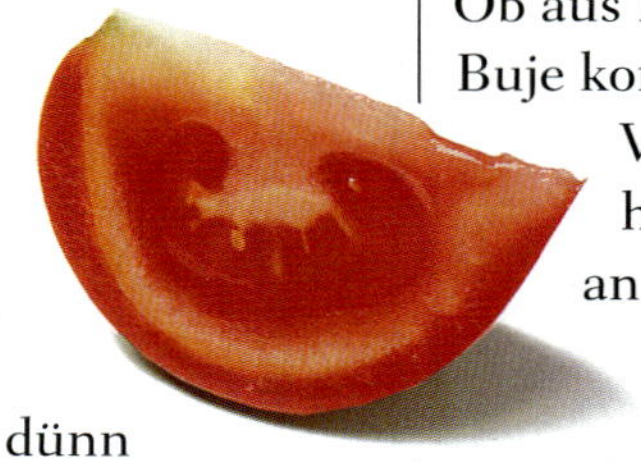

Aus Mehl, Eiern, zerlassenem Fett, Salz, geriebener Zitrone und Milch (nach Bedarf) einen Teig kneten. Gut rasten lassen. Dann dünn ausrollen bzw. auf ein mit Mehl bestreutes Nudelbrett ausziehen. Eine Seite mit der Fülle (zuvor gut mischen und mit etwas Rum beträufeln) belegen und von dieser Seite her einrollen. Auf ein befettetes Backblech legen, mit Eidotter bestreichen und im Rohr rund 40 Minuten backen. Dann mit Staubzucker bestreuen und warm servieren.

Gostionica Vizinada

52447 Vizinada
TELEFON: *(0 52) 44 61 84*
WIRTE: *Dario und Beba Šimonović*
GEÖFFNET: *von 11 bis 23 Uhr*

Ob aus Richtung Poreč oder von Buje kommend, das Wirtshaus von Vizinada ist nicht zu übersehen. Es liegt nämlich direkt an der Kreuzung der Straße Buje-Pula und Poreč-Buje. Ein großes, altes Haus, dessen einfache Gaststube noch den Charme früherer Jahre versprüht. Neben der Gaststube befinden sich noch ein kleines Extrastüberl als Nichtraucherzimmer und eine große, überdachte Terrasse. Gekocht wird istrianisch. Meist bestellen die Touristen hier Fischplatten und Muschelgerichte. Aber auch das Rindsfilet mit Pilzsoße gehört zu den Klassikern im Lokal. Da das Mirnatal praktisch am Fuße von Vizinada liegt, werden zur Saison auch Trüffelgerichte angeboten.

WC: klein, sauber

CASTELLO

1kg
4

Omelett mit Trüffel

Pro Person 2 Eier, Trüffel weiß oder schwarz, Öl, Petersilie, Pfeffer, Salz

In einer Pfanne Öl heiß werden lassen. Die aufgeschlagenen Eier eingießen, stocken lassen und Trüffel fein darüber hobeln. Salzen, pfeffern und mit gehackter Petersilie bestreuen.

Vinoteka Istra Agri

52447 Vizinada, Žudetici 1
TELEFON: *(0 52) 44 60 68*
BESITZER: *Milan Radolovic*
Deutsch, Englisch
GEÖFFNET: *gegen Voranmeldung*

Welcher Istrienreisende kennt nicht das alte, alleinstehende Steinhaus rechter Hand an der Straße von Buje nach Pula am Ortsende von Žudetici.

Milan Radolovic, er lebte einige Jahre in München, hat es gekauft, mit viel Gefühl renoviert und zu einer Vinoteka umgebaut, in der es sich auch bestens essen lässt. Alles läuft hier unter Voranmeldung, denn Milan hat noch einen anderen Job als Immobilienmakler. Aber wenn er kocht, dann original istrisch unter der »Cripnja«, der Blechhaube, die mit der Asche im Fogolar bedeckt wird. Von der Vorspeise bis zum Dessert (z. B. Topfenschnitten mit Honig). Und alles nach Saison. Gelernt hat Milan von seiner Großmutter, und so lässt er nach Wunsch Fisch, Kalbskeulen oder Wild unter der Glocke schmoren und serviert dazu die schmackhaften, großen, istrischen Erdäpfel aus der Glut. Und natürlich die besten Weine des Landes, die man anschließend auch kaufen kann.

WC: sauber

Kalbshaxe mit Kartoffeln unter »Cripnja«

ca. 1,5 kg Kalbshaxe, ca. 1 kg Kartoffeln, ca. 250 g Zwiebeln, 1,5 dl Olivenöl, Rosmarin, Lorbeerblatt, 2–3 Karotten, Knoblauch, Salz, Pfeffer, Schnaps von Biska

(kann auch im Backrohr geschmort werden – schmeckt halb so gut)

Kalbshaxe waschen, trocknen. Kräftig einsalzen und alle Gewürze und Kräuter dazugeben. 1 bis 2 Stunden im Kühlschrank marinieren. In die Mitte der Feuerstelle geben. Mit den halbierten Kartoffeln und geviertelten Zwiebeln umlegen. Rosmarin, Lorbeer und die gestückelten Karotten dazugeben. Mit dem Olivenöl und etwas Schnaps begießen. Mit der »Cripnja« zudecken und mit der Glut und heisser Asche bedecken. Ca. 1,5 Stunden braten, vorsichtig die Asche entfernen. Die »Cripnja« abnehmen und zuerst einmal den aufsteigenden Duft genießen.

Weingut Pilato

52447 Vizinada, Lašici 2
TELEFON UND FAX: *(0 52) 44 62 81*
WINZER: *Elido Pilato*
Italienisch
GEÖFFNET: *gegen Voranmeldung*

Elido Pilato gehört zu jener jungen Generation von Winzern, die Weine von internationalem Format keltern. Seine Kellerei liegt am Weg von Vizinada in Richtung Višnjan. Ein sanftes, hügeliges Gelände mit roter Erde und üppiger Vegetation.

Pilato hat seinen Wein durchgestylt: Vom sauber gepflegten Weingarten, über moderne Kellertechnik bis hin zur klaren Linienführung am Etikett und zum Marketing. Seine Weine sind fruchtig bis rassig und von höchster Qualität. Immer wieder erhält er bei Weinmessen Auszeichnungen. So gehört beispielsweise sein Chardonnay zu den Besten des Landes.

Konoba Barba Tone

52463 Višnjan, Cvitani 2
TELEFON: *(0 52) 46 22 70*
WIRT: *Vlado Bozic*
Italienisch, Deutsch
GEÖFFNET: *von 11 bis 23 Uhr*

Cvitani ist ein winziges Dorf an der Hauptstraße zwischen Vizinada und Baderna. Und Barba Tone ist ein Einkehrgasthaus für Durchreisende. Ein schönes, altes Steinhaus mit einer Terrasse, deren Schatten von mächtigen Bäume gespendet wird. Küche und Gaststuben sind einfach und urtümlich. Hier werden noch Istrianische Suppe und andere landestypische Gerichte aufgekocht. Die Weine sind aus der Gegend; vor allem werden Malvasier und Teran aufgetischt.

WC: klein, sauber

Fenchelsuppe

250 g Kartoffeln, 100 g Bohnen, Speck, Schweinszunge geräuchert, Pešt, Fenchelkraut, Knoblauch, Petersilie, Salz, Pfeffer

Erst die Bohnen kurz kochen, das Wasser abgießen und die Bohnen beiseite stellen. Schweinszunge (rund 250 g) mit den Gewürzen einige Minuten kochen, dann die Bohnen und nach einiger Zeit kleinwürfelig geschnittene Kartoffeln, Speck und das gehackte Fenchelkraut beimengen. Ist alles weich gekocht, wird die Schweinszunge herausgenommen und aufgeschnitten. Die Suppe in Teller anrichten und die Schweinszunge darüber legen.

Restaurant Baskarin im Geno Park

52463 Višnjan, Strpačiči 30
WIRT: *Marino und Aldo Štifanič*
Deutsch, Italienisch
GEÖFFNET: *von 11 bis 23 Uhr, Montag Ruhetag*

Der Geno Park ist ein großes Anwesen, in dem einige der vom Aussterben bedrohten Rinderrasse »Boskarin« gezüchtet werden. Das Hauptgebäude des Anwesens ist jedoch nicht der Stall und das Wirtschaftsgebäude, sondern das Wirtshaus. Alles im istrianischen Landhausstil hergerichtet, bietet das Gasthaus auch großen Gruppen Platz. Gekocht wird istrianisch und international. Fleischgerichte (aber nicht vom Boskarin-Rind) überwiegen.

Selbstverständlich ist auch der Blick in die großen Augen der wunderschönen Rinder erlaubt.

Das Restaurant ist nicht zu verfehlen: In Višnjan Richtung Poreč fahren. Im Ort selbst zweigt eine Straße ab, an

deren Kreuzung ein großes Hinweisschild zum »Baskarin« weist. Von hier sind es nur wenige Kilometer bis zum Geno Park.

WC: groß, sauber

Jota

250 g Sauerkraut, 100 g Bohnen, 150 g Kartoffeln, 300 g geräucherte Schweinsrippen, 100 g geräucherter Bauchspeck, Lorbeerblatt, Salz, Pfeffer, Knoblauch

Rippen mit Speck, Sauerkraut und Bohnen werden vorerst getrennt gekocht. Wenn die Bohnen und das Kraut halb durch sind, das Wasser abgießen und Bohnen sowie Kraut zu den Rippen geben. Weiter kochen. Mit Lorbeer, Salz, Pfeffer und Pešt würzen. Sind die Rippen weich gekocht, werden klein geschnittene Kartoffeln dazugegeben. Dann die Rippen herausnehmen, die Jota in Teller geben und mit den Rippen darüber anrichten.

Taverna Borgonja

52463 Višnjan, Istarska 10
TELEFON: *(0 52) 44 92 90*
WIRT: *Nenad Čendak*
Deutsch, Italienisch
GEÖFFNET: *von 10 bis 23 Uhr*

Dass Višnjan einen Besuch wert ist, habe ich bereits in der Einleitung zur Reise Nummer vier erwähnt. Direkt in der Stadt an der Zufahrtsstraße, die von Vizinada kommt, liegt in einem Steinhaus die Taverna. Einfach und doch gemütlich. Freundliche Wirtsleute, ein großer Gastgarten, zwei Bocciabahnen. Der Karsterschinken, der hier angeboten wird, schmeckt würzig, leicht salzig. Er wird dicker geschnitten als italienischer Prosciutto. Die Speisen sind deftig und bodenständig. Regionale Küche überwiegt. Aber auch Cevapcici und andere kroatische Spezialitäten stehen auf der Speisekarte. Auch für Radfahrer ein guter Einkehrtipp. Positiv: Aus den Lautsprechern dringt keine laute Musik, und wenn, dann ist es volkstümliche Musik aus Kroatien.

WC: italienisch

Hasenragout

100 g Hasenfleisch gebeizt, abgelöst, 100 g Speck, 1 große Zwiebel, 2 Tomaten, 1 Karotte, Petersilie, Salz, Pfeffer, Weißwein, Rosmarin, Lorbeerblatt, Olivenöl, Mehl

Das Hasenfleisch in grobe Stücke schneiden und in Olivenöl gut anbraten. Dann herausnehmen und im Fond den Speck anrösten. Dann das Fleisch mit Gemüse und Gewürzen zum Speck geben, mit Wein ablöschen und mit Wasser auffüllen. Auf kleiner Flamme weichköcheln lassen. Dazu Polenta oder Fuži servieren.

Konoba Milena

52463 Višnjan, Bačva 3
TELEFON UND FAX: *(0 52) 44 93 53*
E-MAIL:
aleksandar.stefanov@pu.hinet.hr
WIRTE: *Familie Stefanov*
Deutsch, Englisch, Italienisch
GEÖFFNET: *von 17 bis 24 Uhr, im Winter geschlossen*

Von der Lage her gesehen ist die Konoba Milena vermutlich eine der ersten Adressen Istriens. Doch auch vom Angebot, vom Ambiente, der Freundlichkeit der Familie, die hier arbeitet, gehört das Lokal »Milena« zu den absoluten Überraschungen, die ich in Istrien erleben durfte. Von Višnjan am Geno Park vorbei zweigt nach einigen Kilometern die Straße von Bacva ab. Eine kleine Anhöhe, ein Weiler (der Nachbar keltert gute Weine), eine Art Park vor der Kirche, daneben das Gasthaus. Ein Radweg führt direkt vorbei. Zwei Söhne und die Schwiegertöchter helfen den Wirtsleuten und bieten somit einen perfekten Service. Ein Sohn ist der Küchenchef und liefert kreative Hausmannskost. Darunter auch ein Baccala-Püree. Auf Bestellung gibt es Spanferkel, Kalbsstelze und Lamm am Spies. Der Ziegenkäse (ganz frisch und jung), den die Wirtin zubereitet, ist ein Gedicht. Der schönste Platz ist natürlich im Gastgarten, von wo aus der Blick über das Hügelland und hin zum Meer schöne Stunden verspricht. Im Haus sind auch Zimmer für rund 10 Gäste vorhanden.

WC: sauber

Krostule

500 g Mehl, 100 g Zucker, 0,5 dl Öl, Öl zum Backen, Staubzucker, Prise Salz, Zitronenschale

Öl, Salz, Zucker, ein Schuss Grappa und abgeriebene Zitronenschale erst gut mischen und dann mit dem Mehl verrühren. Einen Teig kneten und in mehrere Teile teilen. Jeden dieser Teile ganz dünn ausrollen. Daraus mit dem Teigrad Vierecke oder Streifen schneiden. Diese werden in heißem Öl herausgebacken, mit Staubzucker bestreut und zum Kaffee serviert.

In der Konoba Milena werden Krostule für besondere Feste oder auf Vorbestellung gebacken.

Weingut Franko Radovan

52463 Višnjan, Radovani 14
TELEFON: *(0 52) 46 21 66*
WINZER: *Franko Radovan*
GEÖFFNET: *gegen Voranmeldung*

Radovani ist ein verschlafenes Dorf nahe Višnjan, wo alle Häuser von hohen Mauern umgeben sind und wunderschöne alte, schmiedeeiserne Tore besitzen. Entlang der schmalen Dorfstraße führt der Weg zu Franko Radovan. Den 300 Jahre alten Familienbetrieb von seinem Vater übernommen, hat er innerhalb von 10 Jahren mit neuer Kellertechnik die Spitzengarde der istrischen Winzer erreicht. 4,5 ha Weingärten besitzt er, viele davon sind noch jung. Doch es sollten bald mehr werden. Seine Weine, Malvasier, Chardonnay, Pinot Gris, Sauvignon blanc, Teran und Cabernet Sauvignon bestechen durch klaren, sauberen Sortencharakter, moderne Stilistik mit traditionellem Einfluss. Holz verwendet er hauptsächlich bei den Rotweinen. Verkostungen nach telefonischer Voranmeldung.

Konoba Didi

52444 Tinjan
TELEFON: *(0 91) 62 61 960*
WIRT: *Familie Voltić*
Deutsch, Italienisch
GEÖFFNET: *von 12 bis 24 Uhr*

Tinjan ist als Kleinstadt wegen seiner Gebäude und dem Blick hinunter in den Canyon des Limski Ausläufers einen Besuch wert. Die Konoba Didi liegt direkt neben der Kirche und dem Park am Rande des Limski. Von der Terrasse der Konoba ist der Blick besonders lohnenswert. Das Lokal ist Treffpunkt der Menschen aus dem Dorf, ein Billardtisch in einem der Stüberln ist von den Jugendlichen oft umlagert. Der Speisesaal wird durch einen großen, offenen Kamin dominiert. Der ist wichtig für Braten aus der Asche. Steinwände, Bilder – alles in allem eine gemütliche Atmosphäre.

WC: sauber

Pilzsoße

1000 g Steinpilze oder Eierschwammerln (Pfifferlinge), 1 mittlere Zwiebel, Knoblauch, Lorbeerblatt, Salz, Pfeffer

Die Pilze putzen, klein schneiden und in kochendem Wasser mit einem Lorbeerblatt kurz überbrühen. Das Wasser abseihen. In Öl die fein gehackte Zwiebel anschwitzen, die Pilze, Knoblauch, Salz und Pfeffer dazugeben und schmoren lassen. Eine Beilage zu Fleisch.

Bufet Kum

52444 Tinjan
TELEFON: *(0 52) 62 60 17*
WIRT: *Rajko Silva*
Deutsch, Italienisch, Englisch
GEÖFFNET: *von 8 bis 23 Uhr; Essen gegen Vorbestellung*

Als absoluter Geheimtipp in Sachen Wildspezialitäten muss dieses Lokal gehandelt werden. Es hat schon bessere Zeiten gesehen, davon kündet der große Parkplatz vor dem Haus. Einst, als die Hauptstraße noch durch Tinjan führte – das war vor dem jüngsten Krieg – war das »Kum« ein wichtiges Restaurant entlang der Straße Pazin-Pula. Heute bewirtet der Wirt lediglich einheimische Gäste. »Sie kommen zum Trinken, und am Morgen mache ich ein gutes Frühstück«, erzählt Wirt Rajko. Er ist passionierter Jäger, und so gibt es im Tiefkühlraum immer gutes Wildfleisch, das von der Gattin kunstvoll verkocht werden kann. Auf Vorbestellung wird also im Kum Wild aufgekocht. Unter Garantie gut!

WC: sauber

Omelett mit jungen Zwiebeln

8 Eier, ein Bund junge Zwiebel, Öl, Salz, Pfeffer

Die Eier versprudeln. Zwiebel in Scheiben schneiden und in Öl anschwitzen. Die Eier darüber gießen, salzen, pfeffern und herausbacken.

Das ist Frühstück à la Kum.

Gostionica Istarska Konoba

52440 Poreč, Bujici
TELEFON: *(0 52) 46 00 20*
WIRTE: *Familie Vladišković*
Deutsch, Italienisch, Englisch
GEÖFFNET: *von 12 bis 24 Uhr, kein Ruhetag*

An der Straße, die von Baderna nach Poreč führt, gibt es zahlreiche Wirtshäuser. Eines der besten davon ist die Istarska Konoba. Alleine die Lage und die Ausstattung des Hauses bürgen für Qualität. Der schönste Platz ist auf der überdachten Terrasse, die ganz von Efeu umwuchert ist. Die Tische schön gedeckt, im Inneren der offene Kamin, Stoffservietten, schöne Weingläser. Toni, der Juniorwirt, schenkt die besten Weine des Landes aus. Natürlich gibt es auch den offenen Hauswein, aber auch dieser hat eine besondere Qualität.

Gekocht wird istrianisch, mehr Fleischspeisen als Fischgerichte. Hier finden auch Steakfreunde hohe Qualität. Die Bedienung ist freundlich, zuvorkommend und berät auch in Weinfragen sehr kompetent.

WC: sauber

Kalbsragout

500 g Kalbfleisch, 1 große Zwiebel, 2 Tomaten, Knoblauch, Basilikum, Majoran, Salz, Pfeffer, Öl, Weißwein

Das würfelig geschnittene Fleisch in Öl gut anbraten. Die gehackte Zwiebel dazugeben und mitrösten. Dann die würfelig geschnittenen Tomaten und die Gewürze untermischen. Mit Weißwein ablöschen und immer wieder mit etwas Wasser auffüllen (das Ragout sollte nicht zu flüssig sein). Weich kochen, abschmecken und zu Nockerln servieren.

Weingut Matošević

Sveti Lovreč, Krunčiči 2
TELEFON: *(0 98) 36 73 39*
WINZER: *Dr. Ivica Matoševič*
GEÖFFNET: *auf Anfrage*

Auf dem Weg von Poreč nach Rovinj zweigt man kurz vor dem Limski Kanal nach Krunčiči ab. Praktisch an der Straße, hinter einem Wirtshaus der Neubau der Weinkellerei. Matoševič ist etwas Besonderes unter den besten Winzern des Landes. Er ist Meeres- und Umweltbiologe von Beruf und übt die Tätigkeit des Weinmachens im Nebenerwerb, aber mit voller Kraft aus. Ein Önologe hilft ihm bei dieser Tätigkeit. Alle Weine von Matoševič haben internationales Format, sie kosten auch ein wenig, aber das Preis-Leistungsverhältnis ist absolut in Ordnung. Wie die hohe Qualität des Inhalts, so sind auch Flasche und Etikett außergewöhnlich. Ausgebaut wird im Stahltank, doch immer mehr kommt auch das Barrique zum Einsatz – und zwar mit großem Geschick.

Rezepte

Wirte und Winzer

Infos

Tourismusverband der Region Istrien
Postfach 151
HR-52440 Poreč
TELEFON: (00385) 52 45 27 97
FAX: (00385) 52 45 27 96
E-MAIL: tzzi-po@pu.tel.hr
www.istra.com/wap
www.istra.com
www.kroatien.hr

Istrien-Info
Bayerstraße 24
D-80335 München
TELEFON: (0049) 89 54 37 048-0
aus Deutschland: (089) 543 70 48-0
E-MAIL: istrien-info@t-online.de

Kroatische Zentrale für Tourismus
Am Hof 13
1010 Wien
TELEFON: (0043) 1 585 38 84
aus Österreich: 01 585 38 84
E-MAIL: office@kroatien.at
www.croatia.hr

Abbildungsverzeichnis

Die Deutsche Bibliothek - CIP-Einheitsaufnahme

Kroatien : Istriens köstliche Ziele / Peter Lexe ; Ferdinand Neumüller. -
Klagenfurt : Verl. Carinthia, 2002
ISBN 3-85378-514-X

www.verlag.carinthia.com

Covermotiv: Köchin des Restaurant »Dvi Murve« in Poreč

Karte mit freundlicher Genehmigung von ART Redaktionsteam GesmbH,
Dr. Wolfgang Neuhuber, Fürstenbrunn bei Salzburg

ISBN 3-85378-514-X

Gestaltung, Satz und Reprographie: Textdesign GmbH, Klagenfurt
Druck: Carinthian Bogendruck GmbH & Co. KG, Klagenfurt

Unterwegs zwischen Alpen und Adria

Peter Lexe/Ferdinand Neumüller
Friaul – Julisch-Venetien: Sieben köstliche Reisen
3. überarbeitete Auflage
durchgehend Farbabbildungen, 200 Seiten, cell. Pappband,
Format: 21 x 21 cm, EUR 26,–
ISBN 3-85378-497-6

Der Journalist Peter Lexe und der Fotograf Ferdinand Neumüller legen den bereits in 3. Auflage erschienenen Band mit kulinarischen Streifzügen durch Friaul – Julisch-Venetien vor: ein »köstlicher« Reiseführer mit Adressen, Rezepten zum Nachkochen und wissenswerten Informationen über Land und Leute.
Lektüre für Feinschmecker!

Peter Lexe/Ferdinand Neumüller
Slowenien: Hundert köstliche Entdeckungen
durchgehend Farbabbildungen, 192 Seiten, cell. Pappband,
Format: 21 x 21 cm, EUR 26,–
ISBN 3-85378-484-4

Das Konzept ist bewährt, das Team bekannt:
Peter Lexe und Ferdinand Neumüller schildern Landschaft und Menschen, Kultur, Küche und Keller, erkunden Geheimtipps und stellen die besten Rezepte der beliebtesten Wirte Sloweniens vor.
Zum Nach-Reisen, Nach-Kochen und Nach-Lesen!